中公新書　2139

桜井英治著

贈与の歴史学

儀礼と経済のあいだ

中央公論新社刊

はじめに

欧米の贈与は慈善というキリスト教の精神をかいくぐってきたがゆえに、彼らはそこに未来への希望を託せるのだろうか。贈与について論じた欧米の著作には贈与をプラス・イメージでとらえたものがひじょうに多いという印象をうける。殺伐とした時代を生きる現代人が人と人とのきずなをとりもどし、真に豊かな生活に入るためには、政治・経済・外交・福祉・文化など、あらゆる領域に贈与の精神が生かされるべきだという具合にである。

ところが、そのような歴史を欠く日本の贈与には、義理や虚礼、賄賂《わいろ》といった負のイメージばかりがどうしてもつきまとってきた。そしてそれは、日本の贈与がたしかにもっていた、覆いようのない一面でもある。なぜこのような彼我の違いが生まれたのだろうか。また日本の贈与には本当に未来を切り開く力はないのだろうか。

日本の贈与は義務感にもとづいてなされる傾向が強いといわれる。これは贈与というものが一般的にもちあわせている性質ではあるけれども、日本の贈与にはとりわけその側面が強くあらわれるというのである。日本の民法が、西欧諸国のそれと異なり、贈与の撤回を認めていないのもそのためといわれる。本書の大きな目的は、そのような贈与のあり方がいつ、どのように形成されてきたのかを日本の歴史のなかに探ることにあるが、とくに〝いつ〟という点に関していえば、それは確実に中世にまでさかのぼる。

日本の中世とはほぼ鎌倉・室町時代、世紀でいえば一二世紀から一六世紀ごろまでをさす。周知のとおり、武士が新たな支配階級として勃興《ぼっこう》してきた時代だ。そしてこの時代、贈与は日本史上、いやおそらくは世界的にも例をみない、極端な功利的性質を帯びるのである。

一般に、中世は人と人とのきずながきわめて強かった時代と考えられているのではなかろうか。主人と従者のあいだに結ばれた主従関係のきずな、地方の武士たちが神の前で団結を誓った国人一揆《こくじんいっき》、あるいは村人たちを固く結びつけていた共同体の世界等々、そうしたものが〈中世＝人と人とのきずなが強い時代〉というイメージを私たちに植えつけてきたように思える。

だが、そのようなイメージは、完全な誤りとまではいえないものの、やはりこの時代の一面しかとらえていないといわざるをえない。中世社会は同時に驚くほどドライな側面もかいまみせるからである。

たとえば中世は自給自足の時代などではなく、多くの物資が商品として流通し、それらの価格も需要と供給のバランスによって決定されていた。その意味ではれっきとした市場経済が成立していたとみてよい。京都には土倉《どそう》とよばれる多数の金融業者が店舗を構え、貸出だけでなく、大口小口の預金者から資金を集め、営業利益に応じて利息を支払うという、銀行さながらの業務もおこなっていた。また、権利というものが――物権であれ、債権であれ――中世ほど容易に移転しえた時代も少ないだろう。一片の借金証文が債務者の知らないうちに金融業者間で転売され、いつのまにか見ず知らずの債権者の手に渡っているなどということは中世にはごく普通におこりえたのである。

このように、一方に濃密な人間関係によって規定された場が存在した反面、疎遠な人間どうしがただ商品や貨幣のみを介して取り結ぶような、近代資本主義社会さながらの経済的、物的な関係も広く展開していたのが中世という時代であった。そして意外に思われるかもしれないが、贈与は一見前者の世界に身を潜めているようにみえて、じつは後者の世界とも活発な交流をもっていた。少なくとも市場経済にみられた合理的思考や計算、打算といった観念は、贈与の領域にも深く浸透していたのである。思うに、贈与経済と市場経済とは、一般に信じられているほど対立的なものではないのだろう。対立的にみえるのは、未開社会と近代資本主義社会しか分析せず、その中間に位置する多様な社会の分析を省いてきたことから来る偏見としか私には思えない。

ところで贈与の功利的性質とか、市場経済との親和性などというと、ただちに次のような反論が出てくるだろう。隣近所で夕飯のおかずをお裾《すそ》分《わ》けしあうとか、調味料を貸し借りするというような純朴な贈答は、都市と農村を問わず、庶民生活のなかに少なくとも高度成長期ごろまでは生きていたではないか、これこそ日本が近代を迎える以前のもっとも典型的な贈与の姿ではないのか、そのいったいどこに功利的性質や市場経済との親和性が認められるというのかと。

この反論は半分は正しく、半分は誤っている。まず誤っている点からいえば、過去が現在よりもつねに素朴だと思うのは、過去にたいする見くびりであり、現代人の傲慢《ごうまん》である。ある時代のもっとも進んだ部分が、あたかも伸びすぎた枝葉が切りもどされるかのように次の時代に跡形もなく消え失《う》せてしまうなどということは、歴史にはしばしばおこりうるのであり、それは贈与の世界とて例外ではない。この種の先入観はまっさきに排除されねばならないだろう。次に正しい点というのは、ごく日常的な酒や食べ物の贈答なら中世にももちろんみられたし、このレベルの贈答はその後も大きな変化をこうむることなく、近年まで連綿と続いてきただろうということである。したがって、それが古い要素をいまに伝えているという理解自体はけっしてまちがっていない。だがやはり、それは過去のすべてではないのである。

こう考えてくれば、同じ贈与慣行のなかにも時代によって変わるものと変わらないものがあることがおぼろげながらもみえてくるだろう。かつてフェルナン・ブローデルは、人類の中長期的な歴史の営みを下層のもっとも変化の緩慢なステージから順に「物質文明」「市場経済」「資本主義」という三層構造（短期的に推移する事件史はさらにその上層に位置づけられる）として概念化したが、このような階層的把握は贈与の歴史を考えるさいにも参考になる。主に民俗学が注目してきた食品の贈答が「物質文明」の層にかかわる事象だとすれば、私が本書で描こうとしているものはさしずめ「資本主義」の層に相当するといえようか。そこにみられる贈与の振る舞いは自由奔放で、かぎりなく商取引に近づくが、それでも両者が完全に同化してしまうことだけはついになかった。最後まで踏み越えられることのなかったこの一線にこそ、贈与を贈与たらしめている原理の心髄が潜んでいるともいえようが、それがきわめて薄い皮膜にすぎなかったこともまた事実としなければならない。これらのことを念頭においたうえで、一部は現代に継承され、他の一部は歴史の彼方《かなた》に消えていったさまざまな贈与の振る舞いを、これからじっくりと見届けていただくことにしよう。

目次

贈与の歴史学——儀礼と経済のあいだ

第1章　贈与から税へ

1　四つの義務

マルセル・モースの問い

贈与について研究しようとする者がかならずそこに立ちもどる、いわば贈与研究の原点といえるのがフランスの社会学者マルセル・モースの『贈与論』である。一九二〇年代に発表されたこの論文が、その後の民族学・文化人類学の発展や、構造主義をはじめとするポスト・モダンの潮流におよぼした多大な影響についてはいまさらくり返すまでもなかろうが、この『贈与論』のなかで、モースは贈与をめぐる義務として次の三つをあげた。

1　贈り物を与える義務（提供の義務）

2　それを受ける義務（受容の義務）

3　お返しの義務（返礼の義務）

一方、モースがその存在に気づきながらも、『贈与論』では明確な位置づけを与えていなかったために、のちにモーリス・ゴドリエによって「第四の義務の忘却」と評された、もうひとつの義務がある。それが、

4　神々や神々を代表する人間へ贈与する義務（神にたいする贈与の義務）

である（ゴドリエ『贈与の謎《なぞ》』）。さきの三つの義務に、この「第四の義務」を加えた四つの義務を、以下考察を進めるうえでの出発点としよう。

贈与というものは、およそ人間の営む社会、文化にはつねにみられるもので、それは歴史上のあらゆる時代、あらゆる地域に、いわば時空を超えて見出されるものである。言語や貨幣と同様、その起源ははるか氷河の時代までさかのぼるといってよかろう。しかも贈与のあるところには――親子兄弟などごく近しい肉親間でおこなわれるばあいを除いて――たいていこれら四つの義務が付随している。もちろん日本を含めた現代先進諸国も例外ではないから、四つの義務をならべてみたとき、私たちは経験的にも「ああなるほど」と納得がゆくのではなかろうか。

とりわけ日本は、先進諸国のなかでも例外的に贈答儀礼をよく保存している文化として、世界中の研究者から注目されてきた。しかもたんに保存しているだけでなく、バレンタインデーやホワイトデー等々のように、新たな贈答儀礼を次々と再生産しているという点でもきわめて特殊なポジションを占めている。

バレンタインデー以下の新しい贈答文化というのは、いわば企業戦略に乗せられるかたちで生まれたものだが、乗せられているとわかっていながら、いざ軌道に乗ってしまうともはやそれをやめることはできない。なぜそれをやめることができないのか、二〇世紀前半にモースが問うたのはまさにこの点であった。

日常生活のなかの贈与

私たちの身近にある贈答儀礼を数えあげてみると、たしかにかつてほどではないにしても、まだまだ多くの贈答儀礼が健在であることに気づかされるだろう。古くからおこなわれているものとしては、ほぼ年中行事化している中元や歳暮以外にも、結婚祝いや出産祝い、入学祝い、香典等々、人生の節目ごとにさまざまな祝儀・不祝儀がくり返される。比較的新しいものとしては、バレンタインギフトやホワイトデーギフトのほか、バースデーギフトやクリスマスギフトもあげられよう。また、かならずしも有形の財や金銭を媒介とはしていないものの、年賀状やメールのやりとり、訪問や招待、その他食事への誘いなども明らかに贈答儀礼と同じ構造をもっている。まったく返事をくれない相手にせっせと年賀状やメールを送りつづける奇特な人は少ないだろうし、食事に誘うのはいつも私のほうで、彼／彼女からは一度も誘われたことがないという関係が長続きするはずもない。要するに贈与の原理はここにも確実に作用しているのであり、そのかぎりにおいてこれらも広義の贈答に含めて考えることができる。

返礼の義務と受容の義務

さて、これら日常的におこなわれている贈答において、四つの義務はどのようにあらわれるだろうか。

このなかで私たちがもっとも意識する頻度の高いものは、たぶん「お返しの義務」だろう。そもそも贈答という言葉自体が返礼（答）の存在を前提にしているわけだが、このようにそれを受け取った者にたいして返礼を義務づける贈与の性質を互酬性 reciprocity ともよぶ。贈（送）ったのにお返し（返事）がないと不快感を覚える、あるいは逆に贈（送）られたのにお返し（返事）をしないでいるのは落ち着かない、そういった経験は誰しもあるにちがいない。そこには贈り物を一種の債務・負債と感じる意識がある。もっと平たくいえば、贈り物を受け取ることにより受贈者には「借り」ができ、贈与者には「貸し」ができるのである。モースが「お返しの義務」とよんだのはまさしくこれであり、モースの最大の関心も、このような債務意識がどこから来るのか、ないしはどこから来ると解釈されていたのかを解明することにあった。バレンタインデーにたいするお返しの機会として、ホワイトデーなるものがスムーズに定着したのも、男性の債務意識と女性の債権意識を巧妙に利用した結果であることはいうまでもあるまい。

次に「贈り物を受ける義務」はどうだろうか。これも卑近な例をあげると、たとえば読者のなかにも、贈り物を贈ろうとして受け取ってもらえなかった寂しい経験の持ち主がいるかもしれない。逆に、贈られたけれど拒絶した、受け取らなかったというつれないことをした経験をもつ人もいるだろう。そのとき受け取らなかった理由とはどのようなものだっただろうか。男女間のプレゼントや、あるいは贈与者が何ごとかを依頼するために物を贈ってきたケースなどを想定するとわかりやすいと思うが、贈り物を受け取らないということは贈与者の期待に応《こた》えられないことの意思表示にほかならない。要するに、贈り物の拒否は贈与者と特別な人間関係を築くことの拒否を意味したのである。これをさきほどの債務意識という観点から説明すればこうなる。

贈り物を受け取ることにより、受贈者には贈与者にたいする「借り」ができる。贈与者は

――ときに意識的に、ときに無意識に――その「貸し」を受贈者が自分と特別な人間関係を築いてくれることをもって回収しようとする。受贈者は、その期待に応えてもよいと思えば素直に受け取るだろうし、期待に応えられないと思えば受け取らないか、かりに受け取ったとしてもその期待とは別の対価物で（つまり贈与者にとっては期待はずれの）返済をおこなうだろう。要するに、人は返済できる見込みのない「借り」をつくりたくはないのである。

近年急速に広がりつつある傾向として、公職にある者が利害関係者からの付け届けを受け付けないケースがある。たとえば担任教師が生徒の保護者からの付け届けを断るケースなどは今日かなり定着しているといえよう。そのさいには「公平性の観点から」「当然の職務だから」、あるいはたんに「こういうものは受け取らないことにしている」などの理由がつけられるのが普通だろうが、理由はどうあれ、これも特別な人間関係を築くことの拒否であることには変わりがない。

そのとき、贈与者がその理由に納得すれば問題はないが、納得しないばあいには将来に深い禍根を残すこともある。贈り物を受け取ってもらえなかったときの気持ちは「寂しさ」から「恨み」「憎悪」まで、個々のケースによっても、またその人の性格によっても、かなりの振り幅があるだろうが、歴史的にみるとそれはしばしば激しい敵意ともなり、ときには戦争の原因になることもありえたのである。

広義の贈答である訪問や招待のばあいも同様である。外交の場面では、相手国への抗議が首脳による招待の拒否や訪問のキャンセルとなってあらわれることがあるのを、私たちはよく知っている。「贈り物を受ける義務」の意義は、これら「贈り物を受ける義務」が履行されなかったケースから逆に推しはかることができよう。個人と個人、あるいは集団と集団が良好な関係を構築・維持しようとするとき、「贈り物を受ける義務」はもっとも基本的なマナーとなったのである。

ちなみに中世の日本では、贈り物の贈り方が決められた礼儀作法に則《のっと》っていないという理由でも、しばしば受け取りが拒否されたことを付け加えておこう。ここには「礼」の秩序という、贈与をめぐるもうひとつのコンテクストが介在するが、この問題についてはのちにあらためて触れることにする。

提供の義務

「贈り物を与える義務」は、四つの義務のなかではややわかりにくいものかもしれない。たとえば、上司や得意先など、日ごろ世話になっている人に贈り物をするケースを考えてみよう。これは「贈り物を与える義務」ともいえるし、また上司や得意先の日ごろの恩顧を贈与ととらえれば「お返しの義務」といえなくもない。このように、「贈り物を与える義務」には「お返しの義務」との区別がむずかしいケースがままあるのだ。

一方、これと似て非なるケースとして、すでに世話になっている人ではなく、まだ世話にはなっていないが、これから世話になる人、世話になることが確実な人にたいしても付け届けがなされることがある（それはあるばあいには賄賂となる）。このケースではさきほどのような「お返しの義務」との紛らわしさはなく、より純粋な「贈り物を与える義務」が抽出されることになろう。

では、この種の贈与を強いるメカニズムとはどのようなものであろうか。モースもいうように、これらは表面的にはヴォランタリーな体裁をとっているばあいでも、実際には暗黙の圧力・義務感のもとで贈られることが多い。とくに同格の他の人びと――同僚や同業者――がみな付け届けをしているのに、一人だけそれを怠ったばあい、礼儀をわきまえない者として目をつけられるかもしれない。このように、「贈り物を与える義務」のばあいには贈与者―受贈者間だけでは完結せず、そこに比量の対象となる他者（同僚や同業者）が登場する。そして、受贈者側で実際に同格他者との比量がおこなわれるか、実際におこなわれないまでも、そのような比量がおこなわれることを恐れる気持ちが贈与者側に萌《きざ》しさえすれば、それはいつでも義務となるのである。

同じような問題は、寄付行為や慈善事業をめぐってもおこる。このケースでは、圧力をかける主体が受贈者個人でなく社会であることがより一層鮮明となるだろう。

　ともに年俸数億円という二人の大物スポーツ選手がいたとする。大規模災害がおきたさい、A選手はすぐさま数千万円の寄付をしたが、B選手はいっさい寄付をしなかった。人びとはA選手の気前のよさに感心すると同時に、寄付をしなかったB選手にたいする評価を格下げすることも忘れないだろう。実際のところ、B選手は世間が思うとおりの吝嗇家《りんしょくか》であったのかもしれないし、そうではなく、A選手とのポトラッチ（贈与競争）に陥ることの不利を察して手を引いただけなのかもしれないが、いずれにせよ、彼らはこのような世間の憶測や比量につねにさらされているのである。

〈富める者（金持ち）は喜捨《きしゃ》（施し）をしなければならない〉〈富める者は貧者を救わねばならない〉〈富める者はその富を社会に還元しなければならない〉――これらは歴史上のさまざまな時代、さまざまな地域に広くみられた倫理である。中世日本に存在した有徳《うとく》思想もそのひとつだ。これは、金持ちは道徳的にも優れている、あるいは優れていなければならないとする思想であり、当時、金持ちが「有徳人」とよばれたのもこの思想に由来する。「有徳」はしばしば「有得」とも表記されたが、ここからもわかるように、中世の人びとにとって人徳の「徳」と所得の「得」はほぼ同義語ととらえられていた。『徒然草《つれづれぐさ》』二一七段に登場する大福長者が「人は、万《よろず》をさしおきて、ひたふるに徳をつくべきなり」と語るときの

「徳」がまさにそれであり、ここでの「徳」は富・財産を意味しているのである。

この思想を背景に、金持ちにはさまざまな場面でその富を社会に還元することが求められた。中世には有徳銭・有徳役などとよばれた、金持ちだけに賦課《ふか》される富裕税が存在したが、これはいわば強制された喜捨にほかならなかったし、金融業者に債権放棄を求めた有名な徳《とく》政一揆《せいいっき》、徳政令の背景にもこの思想が息づいていた。現在の寄付行為や慈善事業をめぐって財産家や有名人にかかる無言の圧力も、なぜそうすべきかという理屈は変わっても、社会心理学的には同じ感情が作用していることはまちがいないだろう。

なお、世界史上には、貧者への施しを神にたいする贈与と等価的な行為とみて、次にみる「第四の義務」と結びつけて理解していた社会や文化もある。キリスト教圏がそうであったし、右の有徳銭も初期にはそのような性質を帯びていたと考えられている。

神にたいする贈与の義務

最後の「神にたいする贈与の義務」は、四つの義務のなかでは現代になってもっとも希薄化したものであり、私たちが日常生活のなかでこれを実感する機会はそう多くはないかもしれない。しかし歴史をさかのぼれば、人びとの生活のなかできわめて大きな比重を占めていたものであり、ゴドリエをはじめ、四つの義務のなかでももっとも根幹的なものとして重視する研究者も少なくない。

身近な例としてまっさきに思いつくのは寺社の賽銭《さいせん》や供物であろう。要するに、神頼みも無償ではかなえてもらえないわけだが、かといってそれはかならずしも多額である必要はない。世界史上には莫大《ばくだい》な供犠《くぎ》（いけにえ）を神に捧《ささ》げていた文化も知られてはいるが、そうした類型のなかでは、日本の神仏は人に多くを要求することがなく、きわめて慎《つつ》ましい部類に属するといえよう。このように安上がりで微温的な信仰のあり方は、おそらく多神教に起因するところが小さくないと思われる。捨てる神あれば拾う神ありという神々の競合状態が、贈与額の高騰を抑制してきた面もあるにちがいない。

大量出土銭をめぐって

中世の遺跡からはときたま数千枚、数万枚という大量の銭が大甕《おおがめ》などに入れられた状態で見つかることがある。これを考古学の世界では大量出土銭とよんでいるが、その評価をめぐっては以前から論争があった。ひとつは、これを富の蓄蔵という経済的行為とみる立場であり、この立場の人たちは大量出土銭を彼らの信念にしたがって備蓄銭とよんでいる。もうひとつは、これを神仏への捧げ物とみる立場であり、つまりは銭を埋める行為を呪術《じゅじゅつ》的、宗教的な行為と解釈するわけだが、この立場をとる人たちは同じ大量出土銭であっても当然備蓄銭とはよばず、埋納銭とよんでいる。

今日では、いくつかの具体的な証拠によって備蓄銭説の優位がほぼ確定しているが、かくいう私も早くからこの説の支持者であった。というのも、数十枚か一〇〇枚程度ならいざ知らず、数千枚、数万枚もの銭を神仏に捧げるような気前のよい信仰は、日本には存在しないからである（桜井「備蓄銭に関する二つの史料」）。三途《さんず》の川がわずか六文で渡れるのが日本の信仰である。それにくらべると、しばしば訴訟問題に発展することもある新興宗教の多額の布施料などは明らかに異様であり、近代の産物以外の何ものでもあるまい。

ただ前述のとおり、歴史をさかのぼると「神にたいする贈与」が、負担の大小はともかく、人びとの生活のなかできわめて大きな比重を占めていたことはまちがいない。とくに日本の古代・中世史で注目されているのは、「神にたいする贈与」と税の成立との関係である。古代・中世の税のなかには「神にたいする贈与」に起源を有するもの、もともと「神にたいする贈与」であったものが税に転化したものが少なくない。こうした贈与と税の関係、あるいは贈与から税への転化という現象は、義務的な贈与の成立を考えるうえでも検討の価値があろう。そこで本書でも、まずはこの問題を足がかりに歴史の世界に分け入ってみたい。

2　神への贈与

租

前近代の税がどのように成立してきたのかということが本格的に検討されるようになったのは、ごく最近のことにすぎない。現代において新税の導入や税率の引き上げは政権にとってつねに至難の業《わざ》である。国や自治体からのサービスは期待するが、こちらからのサービスは期待してくれるなという手強《てごわ》い有権者たちを、何とか納得させねばならないからである。

ところが前近代の税に関しては、国家や領主の暴力と脅迫——いわゆる「経済外強制」によって、民衆は納税を拒否するすべをもたなかったという説明に、歴史学は長いあいだ安住してきた。じつにこの「経済外強制」という概念こそ、税の研究を停滞させてきた元凶にほかならない。だが一九七〇年代以降、マルクス主義歴史学の影響力が後退したことで、さまざまな概念の洗い直しがはじまり、その過程で「経済外強制」という概念の空虚さもしだいに露呈することになった。その結果、前近代においても国家や領主が課税をおこなうには人びとを説得し、彼らの合意をとりつけうる「正当な」理由が必要だったと考えられるようになり、こうして税の起源や、それを正当化するレトリック、さらに合意形成のプロセス等々を解明する作業がようやく動きはじめたのである。

年貢を、領主と百姓のあいだに結ばれた一種の〈契約〉ととらえようとする見解もそのひとつである。網野善彦《あみのよしひこ》は、中世においてなぜ年貢未進《みしん》が負債として処理されたのか、また歴史上、年貢の減免要求ならいくらでも見出せるのに、なぜ年貢そのものを廃棄しようという動きがまったくみられなかったのか、という二つの素朴な疑問から出発して、領主の勧農行為（種子・農料の投下）と年貢の納入とを貸借関係（＝出挙《すいこ》）として理解すべきことを提唱した（『日本中世の民衆像』）。年貢とは勧農という負債にたいする返済行為である以上、年貢そのものを廃棄しようという発想は生まれようがなかったとするのである。

勝俣鎮夫《かつまたしずお》・勝山清次《かつやませいじ》も年貢契約説の立場に立つが、領主の百姓保護義務を重視している点で網野とはややニュアンスを異にしている。勝俣は、百姓を保護し、安心して耕作できる条件を整備することが領主の義務＝御恩《ごおん》であり、年貢とは百姓たちがその御恩にたいする忠節・奉公として納入したものであるとの見解を示し（『戦国時代論』）、ついで勝山はこの構造が中世初頭から一貫して存在していたことを明らかにして、これを「百姓安堵《あんど》の原則」とよんだ（『中世年貢制成立史の研究』）。もとより「経済外強制」がまったく存在しなかったとするのは理想論であるにしても、「経済外強制」を不可欠の要素として成り立っていた年貢地代説はその歴史的役割をほぼ終えたといってよい。

そのようななか、前近代における税を正当化していたもうひとつの論理として注目されるようになったのが贈与原理である。前近代日本における税のなかで、何らかの贈与慣行に起源を有することが確実視されているものはいくつかあるが、それらは大別すると、神にたいする贈与が税に転化したものと、人にたいする贈与が税に転化したものとの二つに分けられる。

まず、神にたいする贈与が税に転化した例としては、よく知られている古代の租《そ》と調《ちょう》をあげるのがよいだろう。租と調といえば、一般には唐《とう》の税制を輸入したものと理解されているが、その内実はご本家である唐のそれとはかなり異なっており、むしろ律令《りつりょう》制導入以前の、日本古来の古い習俗、貢納制度の系譜を引く部分が大きいことが知られている。

租については、収穫の約三パーセントというひじょうに低い税率であったことと、中央には送られず、地方に保管されていたことの二点は、高校教科書にもかならず書かれている基本的事項であろう。これらの特徴から、租の源流は律令制導入以前の古い貢納制度にあることが早くから推測されていたが、この説をもっとも体系的に展開したのが石母田正《いしもたしょう》である。

古代の首長が神を代表する人格として共同体に臨むことにより、土地＝領域の唯一の所有者となりえたこと、また収穫された稲が穀霊《こくれい》＝稲魂《いなだま》をもつと考えられていた「呪術宗教的」な生産物であったこと――石母田はこの二つの理解にもとづいて、租が土地からの収穫物の一部を初穂《はつほ》として神の代理人たる首長に貢納する慣行から発生したものであると論じた。そして、「未開社会」において「初穂または田租《でんそ》は、首長（または共同体）の支配する領域の土地を用益する民戸の帰属を確認する最低限の義務であった」（『日本の古代国家』）と述べるのだが、この石母田の説によれば、租とはまさにモースーゴドリエの「第四の義務」、すなわち「神々や神々を代表する人間へ贈与する義務」が税に転化したものといえよう。この原田《げん》租は、首長たち（国造《くにのみやつこ》）の畿内政権への服属の結果、在地首長の祭祀《さいし》と穀霊の統轄者である天皇への貢納となり、私たちのよく知る租が成立するが、その後も租は郡に設置された正倉《しょうそう》に蓄積され、長いあいだ中央政府の財源にならなかったところに古い貢納制度の名残《なごり》がみてとれる。

調

一方、調（制度上は庸《よう》もほぼ同じ扱いである）については、これも手近な教科書をひもといてみれば、絹・布や各地の特産物からなること、地方に留め置かれた租とは違って中央政府に納められたこと、そしてその輸送は成年男子の負担でおこなわれたことなどはたいてい書かれているものの、それが何に使われたかという肝心の用途について触れているものは少ない。しかし調の性格を知るうえでは、その用途こそが重要になってくる。

この用途という点に注目して、調が租と同じく初穂に由来することを明らかにしたのが大《おお》津透《つとおる》である。古代には毎年九月に伊勢《いせ》神宮に初穂を奉る神嘗祭《かんなめさい》、一一月に畿内諸社に初穂を奉る相嘗祭《あいなめのまつり》（のちに衰退して一二月の月次祭《つきなみさい》に代わる）、二月に全国のすべての官社に幣帛《へいはく》を分かつ祈年祭《きねんさい》という三つの重要な祭儀があったが、大津はこれらの初穂・幣帛に用いられたのが調であることを明らかにした。これらの初穂・幣帛の内訳は繊維製品や海産物、酒、塩など、調の品目と一致し、また、調の納期は近国《きんごく》が八月中旬〜一〇月末、中国《ちゅうごく》が一一月末、遠《おん》国《ごく》が一二月末と規定されていたが、八月中旬に納入がはじまるのは神嘗祭までに初穂をそろえるためであり、祈年祭が二月に設定されていたのは調が完済されるのが一二月末であることをうけたものであると大津は解釈している。

もちろん調は氏族や官人にも分配されていて、神事だけに用いられたわけではないが、大津は、朝廷に納められた調は、大蔵省の庭に積み上げられて、そこからまず初穂として神社や陵墓に献上がなされたのちに各氏族や官人に分配されていたこと、九〜一〇世紀になって調の納入状況が悪化してくると、朝廷は氏族や官人への分配よりも神事分の確保を優先していたことなどを根拠に、調の本質はやはり氏族や官人に分配することではなく、「神にたいする贈与」にあったとみている（『古代の天皇制』）。説得力のある論証といえよう。一方、海産物の調が主に加工品であったのにたいして、生鮮品を含む海産物を天皇の食事用に貢納した制度を贄《にえ》というが、これも調と同じく、本来は神への捧げ物であったとみるのが通説である。

以上から、租と調、それに贄を含め、すべてが初穂——「神にたいする贈与」を起源としており、とくに調は、たんに起源がそうであるというだけでなく、最後までそれが第一の用途でありつづけたことに注目すべきだろう。

初穂・初尾

これまでに何度か出てきた初穂とは、農業や漁業から得られた最初の収穫物、初物のことで、古代には「荷前《のさき》」ともよばれた。初穂は神仏に捧げるべきものとされ、初穂という語自体も古代から現代にいたるまでほとんど語義を変えずに用いられつづけている寿命の長い言葉である。本来の字義からいえば農産物のばあいは「初穂」、海産物のばあいは「初尾《はつお》」が正しいのだろうが、実際には厳密に使い分けられていたわけではなく、しばしば混用もみられた。

当初、初穂は自然界から得られた恵みの一部を神仏に捧げるものであり、同様の捧げ物はニュージーランド・マオリ族の「ハオ」「マウリ」をはじめ汎《はん》世界的に見出すことができる（サーリンズ『石器時代の経済学』）。「人は、聖なる存在から受け取ったものの小部分を、聖なる存在に与え、しかも、自分が与えるもののすべてを、それから受け取るのである」(デュルケム『宗教生活の原初形態』)というのがその本来の意義であったろう。しかし日本ではその後、農業・漁業にかぎらず、あらゆる生業において生産物の一部を初穂として神仏に捧げるようになり、さらには商業や貿易など、かならずしも生産活動から得られた収入でないばあいにも、その一部が神仏に捧げられて初穂とよばれた。古代においては貨幣新鋳のさいにもその一部が初穂として諸社に奉納されており、また、遣唐使の持ち帰った唐物《からもの》の一部が諸社・諸陵に奉納されているのもやはり初穂としての意義をもっていたと考えられる(桜井『日本中世の経済構造』)。

八七〇年(貞観《じようがん》一二)に貞観永宝《えいほう》が新鋳されたさい、京都葛野《かどの》郡の鋳造所に近い宗像《むなかた》社に二〇文、櫟谷《いちだに》・清水《しみず》・堰《せき》・小杜《こもり》の各社にそれぞれ一五文の初穂が捧げられたのもその例だが、この事例で注意したいのは、一一一〇貫文(一貫文＝一〇〇〇文)という鋳造額や、東宮《とうぐう》に賜与された二〇貫文という額にくらべても、神社に捧げられた初穂の額が著しく少ないことである。これはさきほど、日本では神にたいする贈与はかならずしも多額である必要はなかったと述べたこととも かかわるが、じつはこの額の少なさこそが初穂の大きな特徴なのである。

はるか降《くだ》って戦国時代の用例になるが、所定の年貢が不作によって納入不能となったさい、当座の埋め合わせとして荘園領主に進納《しんのう》した少額の贈り物を「初尾」とよんでいるケースがあり、近世の国語辞典である『俚言集覧《りげんしゅうらん》』の「初穂」の項にも「少しばかりのものを初穂などといふ」という注釈がみえるように、中世から近世にかけて「初穂」という語には数量の少ないものそれ自体をさす用法もあったことが知られる。ここからも額の少なさが初穂を特徴づけるものと認識されていたことがうかがえよう。初穂とはまさしく〝寸志〟そのものだったのである。その点で、収穫の約三パーセントというひじょうに低い税率であった租は、初穂としての本質をもっともよくとどめていた税といってよい。

調から上分へ

成年男子にたいする人頭税《じんとう》であった調は、平安時代中期に進行した税制改革の結果、一〇世紀後半ごろまでに、租や庸、雑徭《ぞうよう》など他の税目とともに官物《かんもつ》とよばれる地税に統合され、ここに古代の税は人への課税から土地への課税へと大きな変化をとげる。それとともに調を構成していた多彩な特産物も、官物においては米や絹布など、少数の物品に整理され、神への捧げ物としての本来的性格は失われる。大津の表現を借りれば、こうして宗教的性格から脱却した「無色透明な租税」がようやく成立することになる。

中世の荘園・公領における年貢はこの官物の系譜を引いているが、では中世の年貢に神の取り分がまったくなかったかといえばそうではない。それにあたるものが中世において上分《じょうぶん》とよばれた負担である。網野善彦によれば、九七二年（天禄《てんろく》三）五月三日の天台座主《ざす》良源遺告《りょうげんいこく》に近江国《おうみ》鞆結荘《ともゆい》の「地子上分《じし》」を「法華堂《ほっけどう》四季懺法間《せんぽうのあいだの》灯明料」に充《あ》て、同国黒田江西荘《くろだえにし》の「地子上分」を「常灯《じょうとう》」に加え充てよとみえるのがその初見だが、用例が急増するのは一一世紀後半以降であり、とくに伊勢神宮の御厨《みくりや》をはじめとする神社領荘園において「供神物《ぐしんもつ》御上分」「上分御贄」「供祭上分」「御贄上分」「神税上分」のようなかたちで頻出する（『日本中世の百姓と職能民』）。

網野は「神税上分」という用例から、上分が文字どおり「神」に捧げられる「税」であったこと、また「上分御贄」「御贄上分」のように贄と等置されるばあいもあったことから、古代の贄との関連性を推測し、「古くから贄が神や天皇に捧げられる初尾《はつお》であったことを考慮すれば、「上分」が神仏に進められた初尾、初穂《はつほ》であり、それ故に神物、仏物とされたことは確実といってよかろう」と述べているが、実際にも「上分」に「ハトヲ（ツ）」の振り仮名を付した中世文書が存在することから（桜井前掲書）、上分＝初穂とする網野の推測の正しさが裏づけられる。

寺社を本家とする寺社領荘園においては本家年貢がしばしば上分とよばれたが、それはまさに神仏に捧げられるものであったがゆえに初穂と認識されたのだろう。「上分」の用例はとくに寄進地に関連して多くあらわれる。寄進者の目的は、神仏への崇敬ももちろんあったにちがいないが、それ以上に「神威を仰がんがため当社御領に寄進せしむ」「神威を募らんがため当社に寄進せしむ」などの文言《もんごん》が示すように、神領・寺領の称号を得ることによってみずからの所領支配を守ることにあった。彼らはその見返りに、毎年収得する年貢の一部を本家年貢として神仏に上納することになり、「上分」という呼称も直接にはそこから生まれたのだろうが、その額はかならずしも多額である必要はなかった。一一五六年(保元《ほうげん》元)閏《うるう》九月にいわゆる保元新制の一環として摂津《せっつ》国住吉《すみよし》社に下された朝廷の文書は、近年住吉社の社司らが「好んで神領を立て、公用を奪い妨げ、最少の上分を供えて、広博の四至《しいし》を籠《こ》む」(広大な公領を神領化しておきながら、神にはわずかな上分しか供えていない)と批判しているが、上分の少なさ自体は住吉社にかぎったことではない。少しの負担で十分な効果が期待できたからこそ、人びとは競って寺社に土地を寄進したのだろう。そしてこの負担の軽さという点も、それが初穂と認識されたもうひとつの理由であったにちがいない。

ところで、これも網野がすでに指摘していることだが、上分も初穂と同様、土地・農業以外にも、漁業や商業などさまざまな生業に見出すことができる。『平戸記《へいこき》』所載の有名な仁治《にんじ》元年(一二四〇)閏一〇月三日造酒司《ぞうしゅし》解《げ》は、内蔵寮《くらりょう》・内膳司《ないぜんし》が市辺で「魚鳥交易の上分」を召し取り、装束司《しょうぞくし》が「市の苧《からむし》売買の輩《ともがら》上分」を充て召している例などを引きながら、造酒司としても京中の酒屋から屋別酒一升の「毎年上分」「酒屋等の上分」を徴収して、御厨《みず》子所殿上《しどころてんじょう》 長日貢酒《ちょうじつこうしゅ》・諸社祭神供・恒例臨時公務用途の欠分に充てたい旨の上申をおこなっているが、ここから鎌倉時代半ばの京都において朝廷諸官司が上分を名目とする商業税徴収にあいついで乗り出していったことが知られる。しかも、その用途のなかに「諸社祭神供」が含まれていたように、ここでも「神への贈与」というレトリックが用いられていた。毎年屋別酒一升という負担の軽さもまさに上分＝初穂の特徴であろう。

以後、「国中神子上分」「商上分」「炭上分」「船出上分」「海上上分」等々、「上分」の用例はさまざまな生業への広がりをみせるが、網野はこれら上分＝初穂の一部が金融活動の資本に転化していった事実に注目している。「いせの御はつおせん」「熊野上分物」「くまのゝ御はつをもの」「日吉《ひえ》上分物」「日吉上分出挙米」などとよばれた伊勢・熊野・日吉三社の上分＝初穂はとくに金融業とのかかわりが深く、なかでも日吉社の上分＝初穂は、網野もいうように中世京都の金融界を牛耳っていた日吉神人《じにん》の借上《かしあげ》や山徒《さんと》（延暦寺《えんりゃくじ》の下級僧侶）の土倉《どそう》たちの原資となった可能性が高い。その具体的な道筋を解明することは今後の課題になろうが、「神への贈与」に由来する税の聖性から金融や利子の起源を説明しようとする網野の仮説は、贈与原理の社会的広がりを考えるうえでも大いに注目されるものである。

3　人への贈与

室町幕府財政

以上、神にたいする贈与が税に転化した事例をみてきたが、続いて人にたいする贈与が税に転化した事例をみよう。舞台は降って室町時代の話になる。

室町幕府の財源には、将軍家の直轄領である御料所《ごりようしよ》からの収入のほか、朝廷の一国平均役《いっこくへいきんやく》の系譜を引く段銭《たんせん》や棟別銭《むねべっせん》、地頭御家人《じとうごけにん》に賦課された地頭御家人役、金融業者である土倉・酒屋に賦課された土倉役・酒屋役、禅宗寺院の住持就任者から任命手数料として徴収された公文官銭《くもんかんせん》、さらには京都の諸口で商人たちから徴収された関銭《せきせん》や日明《にちみん》貿易の収入など、じつにさまざまなものがあった。総じて土地や農業からの収益よりも、商業・流通・金融・貿易などに大きな比重を置いていたのが室町幕府財政の特徴であり、ここに前代の鎌倉幕府にはみられなかった、まさに経済先進地である京都に本拠地を占めたことからくる室町幕府の都市的性格があらわれている。

ところで、こうした室町幕府の財源のひとつに守護出銭《しゅごしゅっせん》とよばれるものがあった。守護とは周知のとおり、鎌倉・室町両幕府が地方支配のために国ごとに設置した役職であり、室町幕府のそれはとくに守護大名とよばれることもあるが、国ごとに設置されたとはいえ、室町幕府の守護は、関東公方《かんとうくぼう》管轄下の関東地方や遠国である九州地方など、一部の地域を除いて在京が原則であった。なかでも斯波《しば》・細川《ほそかわ》・畠山《はたけやま》・山名《やまな》・赤松《あかまつ》・一色《いっしき》などの有力大名は、それぞれ複数国の守護職を兼帯し、幕政への参加も義務づけられていた。守護出銭とは、一言でいえばこれら大小の守護たちが将軍家に拠出した分担金にほかならない。

守護出銭の特徴をいくつか列挙すると、まずその用途は、仙洞《せんとう》御所・将軍御所・寺社以下の造営・修理、将軍家の祈禱《きとう》・仏事などさまざまな支出に充てられたものの、いずれも恒常的な課税ではなく、臨時課税であった点があげられる。守護出銭とは、将軍家が大きな支出に直面したさいに守護が臨時に拠出したものということができよう。次に賦課方法だが、所領の年貢高や面積に応じて賦課された地頭御家人役や段銭とは違って、守護出銭のばあいは厳密な賦課基準をもたず、「三ヶ国、四ヶ国守護千貫、一ヶ国守護二百貫」というように、各大名の支配する分国数をおおよその基準として賦課されていた。この賦課基準の〝大まかさ〟が守護出銭のもうひとつの特徴である。そして三つ目の特徴は、その拠出が、将軍が諸大名に命じるのではなく、あくまでも諸大名が将軍に申し出るかたちでおこなわれたことである。これら三つの特徴から守護出銭のどのような特色があぶり出されるであろうか。

評定会議と大名意見制

ここで少しまわり道になるが、室町幕府における意思決定がどのような方法でなされていたかを確認しておきたい。といっても三代将軍足利義満《あしかがよしみつ》のころまでは史料的制約からその実態は詳しくわかっておらず、四代将軍義持《よしもち》の時代になってようやく評定《ひょうじょう》会議という合議の場の存在が明らかになってくる。

評定会議はおおむね以下のような手順でおこなわれた。まず何らかの重要事案が発生したばあい、義持はこれを三管四職家《さんかんししき》クラスの有力大名七〜八名に諮問する。諮問をうけた大名たちは管領《かんれい》亭に集まり、そこで評定会議を開く。そのさい重要なのは、義持自身はこの会議に臨席しなかったことである。もともと有力大名たちのあいだでは「諸大名会合」などとよばれた寄合が自由に開かれており、評定会議とはそのような寄合の場を一時的に諮問機関に転用したものとの見方も可能である。評定会議がこのような寄合の系譜を引く大名たちの自立的な合議の場であったことにまずは留意しておこう。また、評定会議は全会一致を原則とした。大名たちは全会一致に達するまで話し合いを続け、それが満たされると使者役の大名が義持の御所に赴いて大名たちの総意を伝えたのである。

ところが続く六代将軍義教《よしのり》（五代将軍義量《よしかず》は義持生前に早世）の時代になると、このような狭義の評定会議はあまり開かれなくなり、義教が個々の大名に在宅諮問する形式が一般化する。これを私は大名意見制とよんでいるが、評定会議とのあいだには次のような違いがあった。

まず、諮問の対象となる有力大名の顔ぶれは義持時代の評定会議と変わらないものの、大名意見制においては彼らが一堂に会して話し合うことはもはやなくなり、有力大名は在宅のまま個々に義教から諮問をうけ、答申もめいめいにおこなった。

ただし、大名意見制においても全会一致原則は守られていた。そこではほぼ次のような方法で全会一致が確保されたのである。まず義教は「この事案について自分はこうしたいと思うが、お前たちはどう思うか」と原案を示したうえで大名たちに賛否を問う。これが一度目の諮問である。ここで全員が賛成の答申をすれば原案は通過し、逆に全員が反対すれば却下される。問題は意見が割れたばあいであり、そのばあい義教は原案にたいして反対意見を述べた者にだけ再諮問をおこなうのである。再諮問の段階になると、義教からなぜ反対なのか詳しい説明を求められたから、答に窮して折れる者も多いが、頑固な大名になるとそこでもなお反対意見を貫く。するとその大名にだけ三度目の諮問をおこなう――これを延々とくり返しながら全会一致へと誘導してゆくのが大名意見制である。しかしそれでもなお全員の納得が得られないこともあり、そのばあいには義教が原案に修正を加えることもあった。とにかく室町幕府の意思決定は、評定会議にせよ、大名意見制にせよ、有力大名の全会一致を原則としており、専制的な将軍として知られた義教でさえ、この原則を無視できなかったことには注意しなければならない。

とはいえ、大名意見制のばあい、評定会議とは違って大名どうしのヨコの協議はおこなわれず、個々の大名が相互に孤立させられている。評定会議のような匿名性もないので、誰が賛成し、誰が反対したかも将軍側に筒抜けである。そのような状況下で「お前はどう思うか」と問われれば、おのずと「いや」とは答えにくくなるものだろう。その意味で、大名意見制が将軍専制化をめざしていた義教にとって、評定会議よりも有利な意思決定方法であったことは否定しがたい。

贈与としての守護出銭

ただし誤解を避けるためにいえば、義教時代においても、義持時代にみられたような評定会議がまったく姿を消してしまったわけではない。幕府が抱える議題のなかには大名意見制にそぐわないものがままあり、そのようなばあいには従来どおりの評定会議で審議がなされたのである。そして、そのような議題の代表格が守護出銭であった。守護出銭関連の議題は、義教時代になっても大名意見制ではなく、評定会議において審議されるのが慣例だったのである。たとえば、一四三一年（永享《えいきょう》三）一二月に義教は将軍御所を兄義持の御所であった三《さん》条坊門亭《じょうぼうもんてい》から父義満ゆかりの室町亭に移転するが、その費用を守護出銭で賄うことやその分担方法については管領亭での評定会議で審議されている。

ではなぜ大名意見制ではなく、評定会議なのだろうか。将軍御所はたしかに政庁としての側面ももっていたが、基本的には将軍の私宅である。だからその移転費用を諸大名に負担させることを将軍のほうからもちかけるわけにはいかない。そのようなことをしては将軍のメンツにかかわるからだ。このように将軍は知らないふりをし、あくまでも諸大名のほうから自主的に申し出るかたちをとったほうがよい議題については評定会議——諮問自体もおこなわれなかったことからすれば、寄合とよぶほうがより適切かもしれないが——で話し合われたのである。

このように守護出銭の問題がまさに将軍の関知すべからざる議題だったという事実と、さきほどあげた三つの特徴とを同時に説明しうる唯一の解は、守護出銭の本質が、諸大名から将軍にたいしておこなわれる贈与であったということである。このことは、守護出銭をめぐって将軍と諸大名のあいだで交わされた次のような微妙なやりとりからもうかがえる。

室町亭への移転費と造営費は前述の評定会議の結果、守護出銭で賄われることになったが、翌一四三二年三月ごろ、造営費の不足が避けがたい事態となった。そこで義教は有力大名の一人で造営奉行でもあった山名時熙《ときひろ》にたいし、不足分については独自の財源で賄うから、新たに諸大名に割り当てる必要はないと伝えた。義教は御料所からの収入などで不足分を補うつもりだったのだろう。ところが時熙が義教の意向を持ち帰って評定会議に諮《はか》ったところ、諸大名は不足分についても守護出銭で賄うことを強く希望し、その結果、義教も折れてこの申し出をうけいれることに決めた。

この事例から、守護出銭にはなるべく頼るべきでないという遠慮が将軍側にも存在していたことがうかがえよう。だから守護出銭をうけいれるときの将軍の態度も大歓迎というよりはむしろ遠慮がちで、どちらかといえば恥じ入りながらという形容が似つかわしい。このしおらしいやりとりにも贈与としての守護出銭の本質が端的にあらわれているのではなかろうか。

守護出銭が贈答儀礼から発生したことを示す事例をもうひとつあげよう。一四二九年（永享元）一一月に義教が三条坊門亭の新造会所に移住したさい、義教に贈られた祝儀は、管領以下三、四ヶ国守護が各三〇貫文、一国守護が一〇貫文、それ以下は太刀《たち》に統一されていた。今日でも祝儀のさいにいかほど包んだらよいかを贈与者どうしで申し合わせることはめずらしくないが、それは中世でもまったく同じだったと考えるべきで、祝儀額の統一の背景にはまちがいなく諸大名の申し合わせがあったはずである。この構図を守護出銭のそれと比較してみれば、額がやや少額であることを除けば、三、四ヶ国守護と一国守護というカテゴリーの設け方といい、ほとんど変わらないことがわかるだろう。そしてこの祝儀が紛れもない贈与である以上、守護出銭の本質もまた贈与とみなさざるをえないのである。

こうして諸大名から将軍にたいする贈与としてはじまった守護出銭であったが、一五世紀後半、八代将軍足利義政《よしまさ》のころになると、諸大名が自主的に資金協力を申し出るという本来の形式は失われて、一部の義政近臣が分担額を決定し、諸大名に命じるという機械的な賦課方式に変化してしまう。このような近臣の台頭がやがて文正《ぶんしょう》の政変（一四六六年）とよばれる諸大名によるクーデターを誘発し、応仁《おうにん》・文明《ぶんめい》の乱（一四六七～七七年）の伏線となってゆくのだが、それはともかく、贈与論的関心からいえば、この変質こそ贈与が税としての純化をとげてゆく過程にほかならない。一〇世紀後半に租や調が神への捧げ物としての宗教的性格から脱却し、「無色透明な租税」である官物に変化したのと似たような過程を、一五世紀の守護出銭も歩んだといえるだろう。

トブラヒとタテマツリモノ

本来の守護出銭における将軍と諸大名の関係は垂直的であるよりはむしろ水平的であり、おそらくそれは古代から中世にかけて広くおこなわれていたトブラヒ（訪）の系譜を引いていると思われる。

遠藤基郎《えんどうもとお》によれば、もともとトブラヒとは親族や同僚など、比較的親しい者のあいだでおこなわれていた相互扶助的な贈与のことで、仲間の誰かが多額の出費に直面したときに、まわりの者が彼／彼女を支援する目的で、あるいは見舞いとして贈り物をすることをトブラヒとか助成《じょじょう》などといった。たとえば、中世の公家社会で大きな栄誉と考えられていたもののひとつに、春日《かすが》祭・賀茂《かも》祭の近衛使《このえのつかい》という役があったが、これは晴れがましい役である反面、出立・帰還時に宴会を催したり、随行する官人に禄物《ろくもつ》を支給したりと多額の出費をともなうものであったから、身近な者がこの役に指名されると親族や同僚たちが贈り物をして彼を経済的に支援するのが常であった。このほか仲間の家が火事にあったとか、仲間の家に貴人の来客があってもてなさなければならないとか、あるいは次章で詳しく触れる祭礼の頭役《とうやく》（費用負担者）に指名されたとか、さまざまなケースでトブラヒはおこなわれたが、そのような目でみれば、将軍家の多大な支出を守護が援助するという守護出銭の構図もトブラヒのそれと一致していることがわかるだろう。

ところで守護出銭のようにトブラヒを財源化しようという動きは、じつはもっと早く鎌倉時代からみられた。トブラヒの慣行がもともと私的な交際の領域からはじまったことは疑いないが、やがて国家財政そのものがこの贈与システムに依存しはじめるのである。

承久《じょうきゅう》の乱（一二二一年）以降、朝廷ではそれまでの主要な財源であった国充《くにあて》や一国平均役の収入が滞りがちになったことをうけて、それに代わる財源として成功《じょうごう》（売官）やトブラヒへの比重を高めていったが、その結果、大嘗会《だいじょうえ》や即位、伊勢遷宮、日吉神輿造替《ひえしんよぞうたい》といった朝廷の主要行事が、のきなみ貴族や寺社のトブラヒによって賄われる財政構造が生まれた。とりわけ鎌倉幕府から朝廷への莫大な資金援助が、やはりトブラヒの形式をとっていたことは注目されてよい（遠藤「中世における扶助的贈与と収取」）。

一方、トブラヒとならんで、中世社会で広くおこなわれていた贈与慣行にタテマツリモノとよばれるものがあった。供給《くごう》ともいい、中世には境迎《さかむかえ》・三日厨《みっかくりや》などともいったが、これは一種の客人歓待儀礼であり、中央から国司《こくし》や地頭、代官、荘官《しょうかん》などが下ってきたときに、現地の人びとが宴会を開いて彼らをもてなすのである（早川庄八《はやかわしょうはち》『中世に生きる律令』、保立道久《ほたてみちひさ》「庄園制的身分配置と社会史研究の課題」）。もともとは現地の人びとも遠来の客とともに会食する共同飲食の形態をとっていたとみられるが、やがてこれが負担化・銭納化し、中世荘園において年貢とならぶ主要な負担であった公事《くじ》の一部となる。宴会も広義の贈与とみなせば、タテマツリモノもトブラヒと同様、贈与儀礼から税に転化する道を歩んだことになるが、網野善彦は、もともと現地の人びとも参加する共同体の公式行事＝オオヤケゴトであったことがその徴収を正当化する論理となり、それが同時に公事の語源にもなったと解釈している（『日本中世の民衆像』）。

トブラヒは下から上にたいしても、上から下にたいしても、もちろん対等の者どうしでもおこなわれた点で、遠藤基郎のいうように比較的フラットな贈与であったとみることができるが、それにたいし、タテマツリモノはその名の示すとおり明らかに下から上へという方向性をもった垂直的な贈与であった。ただ、同じ垂直的な贈与である初穂や上分とやや異なるのは、神への贈与としての性格がタテマツリモノにはほとんど認められないことである。客人歓待儀礼のさらなる淵源《えんげん》として客人神《まろうど》歓待慣行を想定し、タテマツリモノを神への贈与の系譜上に位置づけようとする議論もあるが、そこまでしてこれを神と結びつける必要性は感じられない。ここは素直にトブラヒもタテマツリモノも神への贈与を本質的要素とはしていなかったと考えてよいのではないか。

呪術性をめぐって

前述した大量出土銭の解釈でもそうだが、清水克行《しみずかつゆき》も指摘しているように、私たちの常識で割り切れないような中世人の思考様式・行動様式に出くわしたとき、私たちはしばしばそれを呪術性や生活に占める宗教の大きさといった説明で切り抜けようとしがちである（『日本神判史』）。無論それがあたっているばあいも少なからずあるにしても、私たち自身うすうす気づいているように、それはつねに万能というわけではない。この説明を用いるとき、私たちはどこかで中世人を見くびってはいないだろうか。

「未開人は、人々に恐怖をよびさまさせる動物仮面をつけ、動物として姿を現わした時、内心ではやはり本当のことをもっとよく知っていたのであった」というホイジンガの言葉を想起してみるのもよいが（『ホモ・ルーデンス』）、まして中世人は未開人ではない。彼らは私たちが想像しているよりもはるかにドライで、醒《さ》めた一面ももちあわせていたと考えるべきだろう。もちろん、それは呪術や宗教を捨てたという意味ではけっしてない。本当のことをすべて知ったうえで、いわば儀礼として呪術や宗教をうけいれていたということである。

こと贈与に関しては、阿部謹也《あべきんや》の次の述懐にも耳を傾けておこう。

モースはそこから贈与の根底には呪術があるとしているのだが、何故これが呪術になるのだろうか。（中略）私たちは普段贈与をしばしば行っている。お中元からお歳暮にいたるまで贈与の慣習は私たちの生活を規定している。かつて私もその関係を呪術的と見ていた。もしそうだとすると私たちの生活は現在も呪術に満たされていることになる。確かに私たちは生活の中に多くの呪術を取り込んでいる。さまざまな神々の存在やおまじないなどがある。しかし贈与もそれらと同じ呪術だとすると日本の社会は呪術の跋扈《ばっこ》する社会となってしまう。（『「世間」への旅』）

キリスト教と不可分に結びついていた中世ヨーロッパの贈与とは異なり、日本の歴史においては、贈与の背後に神仏の姿がかいまみえていた段階は比較的早い時期に終わりを告げたとみたほうがよさそうである。ならば、私たちも考察の歩をその先へと進めねばなるまい。かくて贈与が神仏から解放されてゆく過程と、にもかかわらず贈与に生命を送りつづけた新たな源泉とを探ることが次なる課題となってくる。

第2章　贈与の強制力

1　有徳思想――神々からの解放

有徳銭と馬上役

贈与が神仏から解放されてゆく過程をあとづけるには、神仏にたいする贈与から発生した税でありながら、その後世俗的な用途に充てられるようになったケースを取り上げるのがわかりやすいだろう。ここで検討しようとしているのは贈与＝税の世俗化の問題である。すでに触れた租・調から官物への移行も当然この事例に含まれるわけだが、神仏にたいする贈与が税に転化し、ついで世俗化してゆくというダイナミクスは、これ以後も中世にかけて何度かくり返されたことがわかっている。これもすでに触れた上分がまさにそうであったし、これから紹介する有徳銭《うとくせん》も、その歴史はじつのところきわめて複雑ではあるものの、大局的にみればやはり聖から俗への道を歩んだ税のひとつに数えられる。世俗化してもなお、そこに正当性を供給しつづけた論理とはどのようなものであったか、いいかえれば何が神仏に取って代わったかを、有徳銭を例に探ってみよう。

有徳銭は有得銭とも書き、また徳役・有徳役・有福《うふく》銭などともいった。もちろん銭でなく米で納められることもあった。これについては前章でも少し触れたが、要するに有徳人（金持ち）にのみ賦課された富裕税のことで、土地や家屋の規模に応じて賦課されたもの、土倉・酒屋を対象としたもの、牛の所有者を対象としたものなど、具体的な賦課方法はさまざまだが、とにかく一定以上の財産をもつ者にのみ賦課されたところに特徴がある。

有徳銭の起源のひとつは、諸社の祭礼を挙行するために特定の有徳人を指名して祭礼費用を拠出させる馬上役《ばじょうやく》のシステムにあったと考えられる。祇園御霊会《ぎおんごりょうえ》（祇園会・祇園祭）馬上役の賦課を認めた一一五七年（保元二）の勅には「早く洛中《らくちゅう》の富家を尋ね捜《さぐ》り馬上に差定《さじょう》すべし」とあり（「社家条々記録《しゃけじょうじょうきろく》」）、稲荷祭《いなりまつり》馬上役に関しても藤原定家《さだいえ》の日記『明月記《めいげつき》』の安貞《あんてい》三年（一二二九）三月一四日条に「稲荷祭の馬頭《ばとう》は毎年五月五日に六条以南の富有の下郎《げろう》を指す」とある（「差定す」「指（差）す」はともに指名する、選定するの意）。さらに一二三一年

（寛喜《かんぎ》三）の公家新制にも「稲荷・日吉・祇園三社祭の時、潤屋《じゅんおく》の賤民《せんみん》をもって本社の祭頭《さいとう》に差し、これを馬上と称す」とあるように、稲荷・日吉・祇園三社の祭礼費用を拠出する馬上役負担者（これを「馬上」「馬上役人」「馬頭」「祭頭」などとよんだ）は「洛中の富家」「富有の下郎」「潤屋の賤民」などといわれた裕福な庶民から選ばれていたのであり、京都ではほかに松尾《まつお》社《しゃ》や今宮社《いまみやしゃ》でも同様の方式が採用されていたことが知られる。

この方式は、日吉小五月会《こさつきえ》（日吉社には四月の日吉祭と五月の小五月会という二つの大祭があった）では一一三八年（保延《ほうえん》四）以前からおこなわれていた徴証があるが、祇園会では一一五七年（保元二）に前年の保元の乱によって朝廷が恒例の騎馬行列を提供できなくなったのをうけてはじめて導入された（五味《ごみ》文彦《ふみひこ》『院政期社会の研究』）。

馬上役の具体的な差定（指名）方法はこうである。中世の神社にはそれぞれの祭礼圏・氏子圏というものがあり、たとえば祇園社と稲荷社は京都の五条以北と六条以南をそれぞれの祭礼圏として分けあっていた（その境界にあたる五条―六条間はしばしば両社の係争地となった）。一二世紀の京都には大きな繁華街が四条と七条の二ヶ所に形成されていたことから、祇園社と稲荷社の祭礼圏は、多くの有徳人を生み出したであろうこれら二つの繁華街をそれぞれの中心地として抱えこんでいたことがわかる（瀬田《せた》勝哉《かつや》『洛中洛外の群像』）。そして馬上役は、この祭礼圏内に居住する有徳人のなかから「闕《けち》」のあった者を差定するという方式をとった。「闕」とは、いまも「けちがつく」「けちをつける」などの用例があるように、縁起の悪いこと、不吉なことをいう（網野善彦『日本中世都市の世界』）。これは後述のように、有徳人のうち、なにがしかの過誤なり、不吉な振る舞いなりのあった者を探し出して、その者が貯《た》めこんだ財産を神事のために放出させることで災いを払（祓）いのけようという理屈だろう。このように該当者全員ではなく、そのなかから一人ないし数人を抽出して祭礼費用等を負担させる方式を一般に頭役制《とうやくせい》といい、いまも各地の祭礼に残る頭屋制《とうやせい》もその系譜を引くものだが、そのさきがけとなったのがこの馬上役なのである。

浄財の思想

莫大な祭礼費用を少数の人間にすべて背負わせるという、一見理不尽なシステムがまがりなりにも機能しえた理由はどこにあったのだろうか。ひとつには瀬田勝哉の指摘する〃名声〃という要素も大きかったにちがいない。前章で触れた春日祭・賀茂祭の近衛使がそうであったように、祭礼のような衆人環視のイベントの経費を負担することは、ときにそれを埋め合わせて余りあるほどの名声を負担者にもたらしたからである。そしてもうひとつは、その用途が神事にあったということがやはり大きな意味をもっていたのだろう。そこには有徳人の負担感を緩和し、さらには自発的な奉仕の意欲さえもかき立てるような力があったのかもしれない。

そこで、財産と神仏の関係について中世の人びとがどのような考えをもっていたかを、当時の史料から読みとってみよう。

一　庫倉納物十分の一を割《さ》きて仏神事に廻向《えこう》すべき事。

右、鵝眼《ががん》・麞牙《しょうが》・斉紈《せいがん》・越布《えつぷ》の類、庫倉に納むる物十分の一を割きて、重ねて二分に分かちて、その一をもって神明に羞《すす》め、その一をもって先《ま》ず供仏に充て、次に祖孝遠忌の追善に充つべし。供仏以後、貧道無縁の者に与えて、飢羸困乏《きるいこんぼう》の苦しみを拯《すく》わん。この常行《じょうぎょう》、布施《ふせ》の力をもって必ず無上菩提《むじょうぼだい》の縁と為《な》すなり。

これは石清水八幡宮権別当《いわしみずはちまんぐうごんのべっとう》田中宗清《たなかそうせい》が別当への昇進を祈願して、一二一七年（建保《けんぽう》五）に石清水八幡宮に奉納した願文《がんもん》（『石清水八幡宮文書』）の一節である。願文とは文字どおり神仏に立願するときにしたためられる文書で、所願成就のあかつきにはこれだけの約束をはたしますという誓約が列挙されることが多い。宗清も全一五ヶ条にわたる誓約を書き連ねているが、そのなかの一三条目に書かれているのが右の一節である。

宗清はここで、財（「鵝眼・麞牙・斉紈・越布の類」）がもたらされたときには、つねにその一〇分の一を仏神事に充てると誓っている。配分の仕方もかなり具体的に書かれており、一〇分の一をさらに二つに分けて一つは神に捧げ、他の一つは仏や先祖の供養に充てるという。

そして後者に関しては、供養を終えたのち、それらの財を下物《おろしもの》として貧者に与え、彼らを救済しようとも述べている。一〇分の一という取り分はやや法外ではあるものの、収入の一部は神仏に捧げねばならないという理念自体は初穂と共通するものである。

もうひとつ注目されるのは、貧者への施行《せぎょう》・喜捨《きしゃ》が神仏、とくに仏への贈与と一体のものとして把握されている点である。世界史上には、貧者への施しを神にたいする贈与と等価的な行為とみて、モースーゴドリエの「第四の義務」と結びつけて理解していた社会や文化もあると前に述べたが、中世前期の日本にも同様の信仰が存在したことがうかがえよう。

このように、宗清は神仏への贈与を、貧者への喜捨も含め、「無上菩提」に到達するための手段と位置づけるのだが、ではそれを怠ったばあいにはどうなるのだろうか。

昔ハ分際〳〵ノ知行三分ノ一ヲモッテ寺社ヲ崇《あがめ》シナリ。左様ノアレバ余儀ニテ、諸神諸仏へ御祈念ヲナサレ、嵯峨《さが》天皇ノ御時ヨリ十分ノ一ニ定マル也。ソノ法ヲ心得テ、壱貫文目ノ分限《ぶんげん》ノ物ハ百前《まえ》、千貫ノ分限ノ者ハ百貫前ノ公用《くよう》ヲ寺社ニ施スニヲイテハ災難アルマジ。ソレヲ惜シミテ施サヌ人ハ不慮ノ中夭《ちゅうよう》アッテ過分ニ損ヲシ物ヲ入ルルナリ。

これは戦国時代の武将多胡辰敬《たごときたか》が書き残した「多胡辰敬家訓」の一節だが、ここにも収入の一〇分の一は寺社に寄進せよとある。それが一〇分の一である根拠として、もともと三分の一であったものが嵯峨天皇（在位八〇九～八二三年）のときに一〇分の一に改定されたという具体的な由来が書かれているのは興味深いが、いまのところこれを裏づけるような史実は確認されていない。ただ、宗清の願文でも神仏の取り分がやはり一〇分の一とされているところをみると、中世の人びとにある程度の広がりをもって信じられていた伝説が存在した可能性はあろう。

では、この神仏にたいする贈与にはどのような効果があったのだろうか。辰敬はさらにこう続けている。「収入の一〇分の一を寺社に寄進すれば災難は避けられる。それを惜しんで施しをおこなわない人は不慮の災難（「中夭」）にあって過分に損をし、出費がかさむものだ」。要するに、神仏への贈与をともなわない蓄財はその人間を不幸にするという信仰である。宗清の願文も辰敬の家訓も直接馬上役や有徳銭について述べたものではないが、いずれも有徳人たちがなぜこのような一見理不尽な賦課をうけいれたのか、その理由の一端を語ってくれているように思われる。また、この観念は、馬上役をささえていた「闕」の論理にも合理的な説明を与えてくれる。「闕」とはまさに不慮の災難の予兆にほかならない以上、「闕」のあらわれた者から厄落としをさせるのは十分理にかなったことだからである（桜井『日本中世の経済構造』）。

有徳銭の世俗化

鎌倉時代後期から南北朝時代になると、稲荷祭の馬上役が廃止されたのをはじめ、祇園会でもいったん差定された者が激しく抵抗して差定を撤回させるなど、馬上役自体の制度疲労が目立つようになり、そのようななか、一三二四年（元亨《げんこう》四）の日吉祭では「馬上料足は京都の土倉にかけて倹約の儀をもてつとむべき御沙汰《ごさた》侍《はべ》り」（「元徳《げんとく》二年三月日日吉社幷《ならびに》叡山《えいざん》行幸記《ぎょうこうき》」律一）といわれているように、馬上役を金融業者である土倉に賦課する方式を朝廷がはじめて山門延暦寺側に提案する。結果的には延暦寺側の激しい抵抗により従来どおりの差定方式が採られたものの、朝廷は一三一三年（正和《しょうわ》二）の日吉神輿造替のさいにも土倉への賦課を模索しており、土倉への課税は俗権力側の宿願であったことがわかる。

一方、延暦寺がこれに反対した理由は、当時、京都の土倉の多くが、「山門気風の土蔵」といわれた山徒（延暦寺の下級僧侶）の土倉によって占められていたことにあった。差定方式であれば不特定の者が指名されるが、土倉への賦課となれば延暦寺配下の者に負担が集中する。そのような方式を延暦寺が嫌ったのは当然といえよう。

では逆に、俗権力側が土倉賦課方式への切り替えを推し進めようとした理由はどこにあったのだろうか。その背景に土倉・酒屋層が文字どおり有徳人の代表格に成長したこと、つまり彼らの経済的躍進という現実があったことはいうまでもないが、もうひとつの背景として

「京都・江州《ごうしゅう》辺に頭役・馬上役と名づけて非分の天役をあてはたるあいだ、人民これをなげきて神を恨み、山を怨《うら》んで……」（同前）といわれたような、馬上役にたいする有徳人たちの強い不満があったことも見のがせない。

その後、南北朝の動乱にともなう中断期を経て祭礼が再開されたとき、延暦寺はついに土倉への賦課方式をうけいれた。至徳《しとく》年間（一三八四〜八七）に馬上方一衆とよばれる有力土倉の団体が組織され、この組織が日吉小五月会や、やや遅れて祇園会の馬上役徴収まで請け負う体制が整うのである（下坂守《しもさかまもる》『中世寺院社会の研究』）。こうしてかつての差定方式＝頭役制は空洞化し、馬上役は、実質的に京中の土倉・酒屋等が負担する有徳銭へと変質するが（差定方式＝頭役制段階の馬上役も有徳銭の範疇《はんちゅう》に含める考え方もありえようが、私は、この方式のもつ偶然性が克服され、該当者全員が課税対象となる変質後の馬上役のみを有徳銭と規定したほうが、当時の用法にもかなっていると思う）、この変質後の馬上役＝有徳銭のあり方が、室町幕府が一三九三年（明徳《めいとく》四）に導入する土倉役・酒屋役のモデルになる。戦国時代になっても依然として「多胡辰敬家訓」のような言説は残るものの、差定方式が放棄されたことに端的にあらわれているように、神仏が人びとの心をつなぎとめていた時代は過ぎ去ろうとしていたのである。

それにともなって馬上役・有徳銭自体の世俗化も進むが、それは主に二つのかたちをとってあらわれた。ひとつは、表向きは仏神事用であると謳《うた》いながら、実際には世俗的な用途に流用するというかたちで進行したものである。たとえば、鎌倉時代には総額三〇〇貫文前後だったとみられる日吉小五月会馬上役は、土倉役化した室町段階になると一〇〇〇貫文前後に跳ね上がるが、この増額分の大半はさまざまな名目で延暦寺の僧侶たちの収入になっていたことが明らかにされている（下坂前掲書）。宗教法人に寄せられた寄付がほとんど職員の人件費に消えてゆくといったところだろうか。かつて延暦寺によって篤く保護されていた土倉が、いまや同じ延暦寺によってその富を吸い上げられる構造ができあがったのである。

また、一四六〇年（長禄四《ちょうろく》）に南都《なんと》春日若宮祭の田楽頭役《でんがく》（他社の馬上役に相当する）をつとめた大乗院尋尊《だいじょういんじんそん》は、その経費を有徳銭・トブラヒ・段銭《たんせん》など、やはりさまざまな名目で配下の僧侶や荘園の住民に転嫁していったが、安田次郎《やすだつぐお》によれば、このとき尋尊が集金した総額は一二〇〇貫文にもおよんだのにたいして、田楽装束代等として実際に支出したのは約三七〇貫文にすぎず、大幅な黒字を計上したという（「祭礼をめぐる負担と贈与」）。

笠松宏至《かさまつひろし》は「仏物《ぶつもつ》・僧物《そうもつ》・人物《じんもつ》」という注目すべき論文のなかで、中世の「もの」には神仏のもの（「神物《しんもつ》」「仏物」）、僧侶のもの（「僧物」）、人のもの（「人物」）という三つの界が存在し、「神物」「仏物」を「僧物」や「人物」に移す行為はとくに重い罪と認識されていたことを明らかにしている（『法と言葉の中世史』）。要するに、神仏のものを僧侶や俗人が私物化してはならないということだが、右にあげた行為はいずれも「神物」「仏物」の私物化以外の何ものでもあるまい。この種の行為は、鎌倉時代にもまったくなかったわけではなかろうが、史料に頻出するようになるのはやはり室町時代である。

ところで、流用はあくまでも組織内部でおこなわれるものであるから、納税者には実態が隠蔽《いんぺい》されていた可能性もあろう。けれども、もうひとつのケースはそうではない。すなわち、もはや仏神事用と謳うことすらなく、最初から世俗的目的であることがはっきりしている有徳銭が出現してくるのである。

この種の有徳銭（かりに世俗的有徳銭とよんでおこう）の初見としては、一二〇六年（建永《けんえい》元）に摂津国守護使ら数十人が春日社領垂水西牧《たるみのにしのまき》内に乱入し、「有徳銭」と称して春日社に納めるべき神供米《じんくまい》まで責め取ったという記録がある（「大和大宮家文書」）。ただし、その徴収が不法行為として糾弾されたことからもわかるように、世俗的有徳銭の賦課を実現するには、乗り越えねばならない大きな壁があった。それが、納入先が神から人に変わることにともなう納税者の抵抗感である。鎌倉時代末期になると馬上役にさえ強い不満が向けられるようになるのだから、まして世俗的有徳銭ともなれば抵抗の大きさは推して知るべしだろう。

この抵抗感を緩和し、神から人への移行を円滑に推し進める役割をはたしたとみられるのが借用という形式である。そこにモデルを提供した政策としては、飢饉《ききん》時の窮民救済策として富者に米穀の強制貸出を命じた八一九年（弘仁《こうにん》一〇）の格《きやく》があるが、より近い時代のものとしては一三世紀前半の寛喜の飢饉のさいに「倉廩《そうりん》ある輩」に出挙《すいこ》米の放出を命じた北条泰《やす》時《とき》の政策、いわゆる「泰時の徳政」をあげるべきだろう（入間田《いるまだ》宣夫《のぶお》『百姓《まい》申状《もうしじょう》と起請文《きしょうもん》の世界』）。これらは本来政府が支出すべき救済費（賑給《しんごう》・救急料《きゅうきゅうりょう》）を民間に肩代わりさせた政策ともいうべきもので、借り手が国家や領主でなく窮民であるという点に違いはあるものの、有徳人からの借用という形式と発想は共通しており、その意味でこれらの政策にも馬上役とならぶ有徳銭のもうひとつの起源が求められる。

一二七三年（文永《ぶんえい》一〇）に大損亡の被害に直面した春日社は、摂関家に訴えた結果、臨時措置として「富勢の住民」「有徳の輩」から出挙米を借用してもよいとの裁可を得ている（「中臣祐賢記《なかとみすけかたき》」文永一〇年一二月日条）。弘仁一〇年格とよく似た構図だが、借り手が人ではなく神である点に大きな違いが認められる。

東大寺に草案のかたちで伝わった嘉元《かげん》二年（一三〇四）卯月《うづき》八日付東大寺年預《ねんよ》所下《しょげ》知状《ちじょう》は、東大寺領伊賀《いが》国黒田《くろだ》荘に居住する神人《じにん》にたいし、毎年祭礼（東大寺鎮守八幡宮転害会《てがいえ》）の神輿供奉《ぐぶ》をつとめる代償として臨時課役と有徳米の免除を認めたもので、戦前から有徳米の早い例として注目されてきた文書だが、この文書は当時「有徳借米免状」とよばれていたことから、この有徳米もやはり借用という形式で徴収されていたことがわかる。

以上の二例は、いずれも寺社にかかわるものであり、とくに前者は史料中に神事の御供米《ごくまい》と明記されているから、その用途が神のためのものであったことが明らかである。そのばあいでも借用の形式がとられていることの意味も探る必要があるが、やがて同じ借用という形式をとりながら俗権力も有徳銭徴収に参入してゆくことになる。

一三七一年（応安《おうあん》四）の後円融《ごえんゆう》天皇即位費用は「先ず土蔵・酒屋に借用す。土蔵一宇別三千疋《ひき》、壺《つぼ》別二十疋」（「吉田家日次記《よしだけひなみき》」応安四年一一月一六日条）といわれているように土倉・酒屋からの借用によって賄われており、一三九四年（応永《おうえい》元）におこなわれた足利義満の日吉社社参のさいにも「富有の輩に料足《りょうそく》を借用すべし」（「日吉社室町殿御社参記」）と同様の方法がとられている。俗権力はこのような借用という形式をくぐらせることで、しだいに有徳人たちを馴致《じゅんち》していったのではなかろうか。

有徳思想

ただ、いうまでもないことながら、借用とは借りることであって、もらうことではない。したがって、有徳銭が借用の段階を越えて完全な税に転化するためにはもうひとつ大きな跳躍が必要だったはずである。もっとも江戸時代の大名貸しのように、返済を途方もなく先延ばしにして事実上踏み倒してしまうというケースもありえたわけで、中世の有徳銭のなかにも最後まで借用の形式をとどめたまま実質的に税化していたものが少なくなかったと思われるが、一方では室町幕府の土倉役・酒屋役のように、借用の段階を乗り越えて完全な税に転化したケースもある。いずれの道をたどったにせよ、それらを後押ししたものがいったい何であったのかを問う必要があろう。

その答を知るうえで注目される事例がひとつある。一四二二年（応永二九）一〇月、後花《ごはな》園《ぞの》天皇の父で、当時は京都南郊の伏見《ふしみ》荘に御所を構えていた伏見宮貞成《ふしみのみやさだふさ》親王は、大風で破損した御所の門修理のため伏見荘内の土倉に土倉役を賦課した。これは俗権力が世俗的目的のために賦課した典型的な世俗的有徳銭といってよいが、注目したいのは、貞成自身は当初これを伏見荘の荘民に段銭を賦課して賄うつもりでいたにもかかわらず、荘民の要求によってやむなく土倉役に変更した経緯が背景にあったことである（桜井『室町人の精神』）。

つまり、有徳銭という賦課方法にはかならずしも裕福でない民衆の幅広い支持があり、それが有徳銭の普及を後押しする役割をになっていたと考えられるのである。そしてこの民衆の支持の背景にあったものこそ、〈富める者が支払うべし〉とする有徳思想にほかなるまい。なお『蜷川家文書《にながわけ》』中に残る（文明一四年）九月二三日某書状案にも「段銭においては土民ら窮困によりきっと事行きがたく候の間、まず他の足（＝有徳銭）をもって御進納あるべきの由に候」という一節がみえるが、これもまったく同じ状況をさしているといえよう。

ところでここに贈与論的解釈を施すとすれば、それは誰から誰にたいする贈与になるだろうか。贈与者が土倉であることは論を俟《ま》たない。では受贈者は貞成であろうか。そうみることもできなくはないが、それでは見落とされてしまうもうひとつの隠れた構造がある。私がむしろ注目したいのは、この有徳銭のもつ荘民にたいする贈与としての側面である。たしかに有徳銭は荘民に贈られているわけではないから、直接的な贈与とはいいがたいが、本来、荘民が負担しなければならないものを肩代わりしている点では、これを荘民にたいする間接的贈与、間接的喜捨として評価することが可能になってくるのである。そしてこの構造が看破されれば、そこに弘仁一〇年格と同様の状況が浮かび上がってくることに気づくだろう。

ここで有徳思想をささえていたものは、田中宗清の願文にみられたような、喜捨を神仏への贈与と関連づけてとらえる思想ではなく、もっと素朴で、いつの時代にも存在したであろう普遍的な民衆感情であったと思われる。それを保立道久は「富の平準化を求める意識」「喜捨や徳行を要求する意識」とよび、薗部《そのべ》寿樹《としき》は、財産をならす、平均するの意をもつ「ならかし」の語でよんだが、いずれもその意味するところは同じである（保立「中世民衆経済の展開」、薗部『日本中世村落内身分の研究』）。そしてそのような民衆意識は、じつは神への贈与に由来する馬上役の背後にも、隠れた構造として存在していたことがわかる。

祇園会馬上役の差定には祇園社ではなく、祇園御旅所《おたびしょ》のひとつである大政所《おおまんどころ》の神主があたっていたが、この大政所が祇園社とは別の独立した神社であることに着目した瀬田勝哉は、これを「神を迎える在地側のセンター」と評し、祭礼の真の主催者を祇園社ではなく、都市住民の側に求めようとしている。瀬田の見解にしたがえば、「鬮」による差定方式もまた神社ではなく、都市住民の論理にもとづいていたことになり、そこにはやはり世俗的、民衆的な有徳思想の影響を考えることができよう（瀬田前掲書）。

貧しい民衆に代わって有徳人が祭礼費用を負担し、その祭礼を民衆が享受する。私は神への贈与の観念の下に伏在していた、このような民衆への贈与という構造に注目したい。中世後期になって神々がその姿を隠したとき、それは地表にあらわれて有徳銭を正当化する中核的な論理となる。喜捨を神仏への贈与と関連づけてとらえる思想もけっして途絶えてしまうわけではないとはいえ、私はこの有徳人に徳行を求める民衆意識こそ、中世後期において有徳銭をささえていた主要な倫理的基盤であったと考えたい。

徳政一揆

有徳銭が民衆にたいする間接的贈与であったとすれば、土倉・酒屋などの金融業者に債務破棄を求めた徳政一揆（土《つち》一揆）は、いわば民衆にたいする直接的贈与を求めた運動と位置づけることができよう。

徳政の理解は、一九七〇年代後半から八〇年代前半の笠松宏至・勝俣鎮夫の研究によって飛躍的な深化をとげたが、二人がともに注目したのは本主権《ほんしゅけん》、すなわち土地の元の持ち主の権利の強さであった。それは、売却や質流れなどによって所有権が移転したのちもその土地にとどまりつづけ、さまざまな場面で現所有者から本主への土地のもどり現象をひきおこしたが、その背景には、本主の手を離れた土地は仮の姿、仮死状態の土地にすぎず、それは本主のもとにもどされてはじめて息を吹き返し、本来の姿をとりもどすという観念が存在したとされる。永仁《えいにん》の徳政令（一二九七年）にみられたような、現代人の目には法秩序の無視としかみえない土地の無償とりもどしが「徳政」（善政）の名でよばれた理由もここにあり、徳政の本質はまさにこの「復活」という点にあったと笠松はみている（『日本中世法史論』『徳政令』）。

勝俣は、モースの『贈与論』を援用しながら、このような「土地と本主の一体観念」が「未開民族にみられる一種の呪術的土地所有観に由来するもの」であると位置づけたうえで、天皇・将軍の代替わりや天変地異などをきっかけにその潜在的な土地所有観が一気に表面化し、大規模な土地のとりもどしに発展したものが徳政一揆であると論じた。そして徳政一揆の掲げた「徳政」のスローガンも笠松が永仁の徳政令等に見出したのと同じ「復活・再生＝一新」という観念にその本質があったとし、その観念が江戸時代の打ちこわしや幕末・維新期の世直し一揆のなかにも連綿と息づいていたことを明らかにしたのである（『戦国法成立史論』『一揆』）。

一方、徳政については、これをむしろ有徳思想との関係から理解しようとする前述の保立・薗部らの見解がある。こちらの見解にしたがえば、有徳思想にもとづいて有徳人に窮民救済という公共的機能を履行させたところに徳政の本質があったという理解になろう。これら二つの学説は、一方が成り立てば他方が成り立たなくなるというようなトレード・オフの関係にあるわけではないが、ここでは動産のとりもどしをうまく説明できる後者の学説に注目してみよう。

徳政一揆は「日本開白《かいびやく》（闢）以来土民蜂起《ほうき》これはじめなり」といわれた正長《しようちよう》の徳政一揆（一四二八年）以来、約一五〇年間にわたって蜂起をくり返したが、正長の徳政一揆のさいには徳政令を求める一揆の要求をかろうじてはねのけた室町幕府も、続く嘉吉《かきつ》の徳政一揆（一四四一年）のさいにはついに一揆の要求に屈して室町幕府最初の徳政令を発布した。このいわゆる嘉吉の徳政令に接した貴族万里小路時房《までのこうじときふさ》はその日記『建内記《けんないき》』のなかで「土倉が元本を回収している質物であれば破棄してもかまわないが、そうでない質物まで破棄するというのは土倉に気の毒だ」と批判の声を漏らしているが、一方では「余慶《よきよう》あるの謂《いわ》れをもって貧乏を救わるるの儀か」と幕府の意図を分析することも忘れていない。「土倉には経済的余裕があるから、彼らに貧者を救わせようという趣旨だろう」と洞察しているわけだが、同時代人の、しかも幕政に深くかかわったこともある人物の評価だけに、たんなる当て推量とはいえない重みがある。この言は、嘉吉の徳政令を発布した室町幕府の論理を正確にいいあてていよう。それは、まさに〈富める者は喜捨をしなければならない〉〈富める者は貧者を救わねばならない〉〈富める者はその富を社会に還元しなければならない〉という有徳思想にもとづいていたのであり、その点では徳政一揆や有徳銭を背景でささえていた民衆意識とも立脚点を同じくしていたといえよう（桜井前掲書）。本書のテーマに引きつけていえば、それはいわば強制された贈与であり、モースの「第一の義務」、すなわち贈り物を与える義務の観念が先鋭化したものにほかならない。

この思想を支持したのは狭義の民衆ばかりではなかった。『源平盛衰記《げんぺいじょうすいき》』が木曽義仲《きそよしなか》をして語らせている「命を生きて君を守護し奉らんため、兵粮《ひょうろう》の料《りょう》に徳人共がもて余したる米共を少々取らんに、何の苦しき事かあるべき」という言葉は、武士もまたその収奪を正当化する論理を有徳思想から供給していたことを物語る。有徳銭の初見例としてさきに紹介した春日社領摂津国垂水西牧での守護使による有徳銭徴収も、この論理にもとづいておこなわれていた可能性が高く、中世後期ともなれば、こうした守護や国人たちによる有徳銭徴収はごく普通のこととなる。

鯰絵（C・アウエハント『鯰絵』せりか書房）

日本法制史の開拓者の一人である三《み》浦《うら》周行《ひろゆき》が一九一九年に発表した論文「一種の富豪税」は、有徳銭の存在をはじめて学界に知らしめた先駆的な研究であるが、そのなかで三浦は、江戸幕末期に海防費を富裕税で賄うことを幕府に進言した浪人儒者鈴木徳之助なる者の意見書を紹介している（『続法制史の研究』）。鈴木の理屈は、武士が粗食に耐え、命を張って国を守っているおかげで、金持ちたちは安穏に商売ができているのだから、海防費ぐらい出させるのが当然だというものであった。鈴木自身が武士と民衆のいずれの範疇に属するかはともかくとして、ここで富者に向けられたまなざしは『源平盛衰記』のそれから大きく隔たっているとも思えない。

そして同じまなざしは、幕末に多く描かれた鯰絵《なまずえ》にも貫かれているといえよう。それは、勝俣の注目した「復活・再生＝一新」の表象であると同時に、徳政をささえていたもうひとつの倫理的基盤たる有徳思想の表象でもあったのだ。ならば現在、寄付行為や慈善事業をめぐって財産家や有名人に注がれるまなざしはどうだろう。幕末の世直し鯰は、本当に私たちの心のなかから立ち去ったといいきれるだろうか。

2　「例」の拘束力

先例・新儀・近例

贈与がたやすく税に転化することは、これまでに取り上げてきたいくつもの事例が証明するところだが、そのメカニズムを考えるさい、もうひとつ考慮に入れねばならないのが「例」とか「先例」とよばれたもののもつ拘束力である。

中世の裁許状（裁判の判決書）には「先例に任せてその沙汰を致すべし」「先例に任せて解《け》怠《たい》なくその勤めを致すべし」のように「先例に任せて……すべし」が定型文言として入ることが多い。ほかにも「例によって」「旧例に任せて」「先例に因准《いんじゅん》して」など、類似の表現がいくつかあるが、意味はほぼ同じである。中世においては「先例」、すなわち昔から連綿と続いてきたことこそが一般に〈善いこと〉とされたのである。

一方、「先例に任せて新儀に及ぶべからず」「新儀を止めて旧例に任すべし」などの用例から明らかなように、その対義語が「新儀」であり、これは文字どおり、前例のない新しいことを意味した。「新儀」は、「新儀の非法」「新儀の濫妨《らんぼう》」「新儀の無道」「新儀の狼藉《ろうぜき》」など、もっぱらマイナス評価の単語とセットで用いられたことからわかるように、「新儀」、すなわち新しいこと、前例のないことは一般に〈悪いこと〉と考えられていたのである。

では、「新儀」が「先例」に転じることがまったくなかったのかといえば、けっしてそのようなことはない。「今の例は昔の新儀なり。朕の新儀は未来の先例たるべし」（『梅松論《ばいしょうろん》』）という後《ご》醍醐《だいご》天皇の言葉は有名だが、彼のように「私がルールブックだ！」といくら宣言してみても「新儀」がけっして「先例」にならないこともあれば、そんな宣言などしなくとも容易に「新儀」が「先例」になることもあった。

「新儀」が「先例」になるケースとしては、ひとつにはそれをおこなった人物が彼の家や所属集団に繁栄をもたらすなど、あやかるべき生涯を送ったばあいであり、そのばあいには彼の「新儀」は「佳《か》（嘉）例《れい》」とよばれ、準拠すべき新たな「先例」に転じるのである。室町幕府が三代将軍足利義満の事績を「先例」として重んじたのは主にこの理由からであった。それにたいし、後醍醐天皇のばあいには、その政策があまりにドラスティックすぎたこともあるが、京都を追われ、吉野《よしの》の山中で客死するという不遇な末路をたどったために、その事績は「凶例」と目され、ついに「先例」化することがなかったのである。「新儀」が「先例」になるもうひとつのケースとしては、たとえそれが「先例」に背くやり方であったにせよ、あるいは、かりに何らかの手違いや忘却によってそうなったにせよ、とにかく「新儀」が現に何度か続いておこなわれてしまうことによって、それが既成事実化して「先例」になることもあった。

このような日の浅い「先例」のことを「近例」というが、以上のような性格から「近例」をめぐっては、それを〈善いこと〉とする言説と、〈悪いこと〉とする言説とが相半ばしているのが普通である。「新儀」の恩恵に浴している者はその「先例」化を願うだろうし、そうでない者は「先例」を守るためにこれを斥《しりぞ》けようとするだろう。そのせめぎ合いが「近例」というステージで戦われたのである。その結果、「近例」が勝てば、それまでの「先例」は古くさいものとして、やがて消えてゆくことになるが、「先例」のほうが勝てば、「近例」はふたたび「新儀」に格下げされ、やはり消えてゆくことになろう。そして同じような「先例」と「新儀」の闘争は贈与をめぐってもしばしば発生した。

つまり、かならずしも税に転化しないまでも、いったん贈与をおこなってしまえば、それが「先例」となって贈与を継続しなければならなくなる、いわば恒例化してしまうということがおこりえたのである。おそらく義務的な贈与の発生メカニズムともかかわるこの問題を、以下、検討してゆくことにしよう。

贈与の「定役」化

前にも引用した万里小路時房の日記『建内記』には、この問題にかかわる類似の記事が三ヶ所にわたって、しかもたまたまであろうが、いずれも一四四三年（嘉吉三）に集中してあらわれる。まずは五月一四日条の記事から紹介しよう。

京都の六条に長講堂《ちょうこうどう》という寺院がある。後白河《ごしらかわ》上皇の御所六条殿内の持仏堂《じぶつどう》からはじまったこの寺院は、寺院そのものよりもそこに付属した荘園群、いわゆる長講堂領荘園が天皇家の主要な経済基盤になっていたことでむしろ有名だが、この寺院に出仕する長講衆とよばれた僧侶たちの補任状《ぶにんじょう》（任命書）は、貴族から選ばれる長講堂伝奏《てんそう》、それが空席のときは弁官《べんかん》が執筆することになっていた。そして、任命された僧侶は執筆者にたいして三〇〇疋（三貫文）の礼銭を贈るのが慣例になっていたのである。今回はたまたま長講堂伝奏が空席であったため、弁官である坊城俊秀《ぼうじょうとしひで》が筆をとることになったが、この俊秀は当時にあってはめずらしく清廉潔白な青年で、この礼銭を受け取ってよいものかどうか、朝廷随一の故実家《こじつか》であった万里小路時房のもとにやってきて伺いを立てたのである。

これにたいして時房は、この礼銭を受け取るようアドバイスした。そして、その理由について「賄賂《わいろ》の儀にあらず。定儀《じょうぎ》たるか。しかれば後輩のため固辞に及ぶべからず」と説くのだが、ここに出てくる「定儀」とは何か、また、礼銭を辞退すべきでない理由として時房が漏らした言葉「後輩のため」とはどういう意味か。この記事だけでは少しわかりにくいかもしれないが、次にあげる七月七日条をみるとその意味がはっきりする。

伊勢神宮の禰宜《ねぎ》は、朝廷が発給する宣旨《せんじ》もしくは口宣案《くぜん》とよばれる文書によって任命されることになっていたが、任命された禰宜は文書の発給業務にかかわった神宮伝奏と神宮奉行にそれぞれ万疋（一〇〇貫文）、二〇〇〇疋（二〇貫文）の礼銭を贈るのが慣例になっていた。金額は一桁《ひとけた》大きいものの、長講衆の礼銭と同性格のものであることが明白である。そして、この礼銭にやましさを禁じえず、はたして受け取ってよいものかどうか、時房に問い合わせてきたのがまたしても坊城俊秀であった。たまたま神宮奉行でもあった彼は、上司の神宮伝奏からこの礼銭のことを聞かされてさっそく時房を訪ねたというが、つい一、二ヶ月前に長講衆から多額の礼銭を受け取ったばかりなのに、またしてもさらさらと筆を走らせただけで大金が転がりこんでくるという。二一歳の潔癖な青年貴族には、それがいたたまれなかったのだろう。

これにたいして時房は、自分の高祖父万里小路宣房《のぶふさ》や、俊秀の曽祖父坊城俊任《としとう》が、いずれも神宮伝奏をつとめながらこの礼銭を受け取らなかった先例を引いて、彼らの「賢行《けんぎょう》」を称《たた》えながらも、俊秀に礼銭を受け取るなとはいわなかった。その代わりに時房はこう答えたのである。「たしかに清廉潔白な態度は大事だが、なかにはこの礼銭を頼みにしている貧しい廷臣もいる。もしここで君が辞退してしまったら礼銭は今後来なくなり、彼らは朝廷に奉公する術《すべ》を失うだろう。それに君が催促したわけでもないのだし、くれるものはもらっておけばいい」。

時房は日記に以上のやりとりを記したあとで、次のようなコメントを載せている。

今においては賄賂にあらず。献芹《けんきん》の儀、すでに定役《じょうやく》たるの謂《いい》なり。孔子称《い》うところの「隣里郷党《りんりきょうとう》に与えよ」の類か。

これが『論語』雍也《ようや》篇の

原思《げんし》、これが宰《さい》たり。これに粟《ぞく》九百を与う。辞す。子曰《いわ》く「毋《なか》れ。もって爾《なんじ》の隣里郷党に与えんか」。

をふまえていることについては筧雅博《かけひまさひろ》の指摘がある。やや長文になるが、以下に筧の解説を引こう。

魯《ろ》の国老となった最晩年の孔子にまみえ、その家宰に挙げられた原（子）思は、俸給として与えられた粟九百石を辞退した。「以て汝の隣里郷党に与へよ」は、そのときの言葉である。いま、必要でないからといって、俸給を返上することはない。隣近所の人々へ頒《わ》けてしまえ。俸給＝任料、隣人に与える＝朝用《ちょうよう》に役立てる、という風によみかえれば、時房のいわんとしたところは、おのずから窺《うかが》われるであろう。たとえ、それが賄賂であっても、正当な目的に使用されるかぎり、非難の対象とはなりえない。ここにわれわれは、一人の良識ある中世人の、賄《まいない》に対する考え方を知ることができるのである。

（「饗応《きょうおう》と賄」）

じつに行き届いた解説で、新たに付け加えるべきこととてほとんどないが、そこにわずかな曇りがあるとすれば、それは時房のいう「隣里郷党に与えよ」の意味をやや深読みしすぎていることだろう。時房は別にこれを「朝用に役立てる」の隠喩《いんゆ》として引用したわけでもなければ、この礼銭が「正当な目的に使用され」ていたと考えていたわけでもあるまい。

そもそも孔子が原思にたいし、「いらなければ隣近所に分け与えてしまえ」と語ったのは、このきまじめすぎる弟子を何とかなだめすかして、当然の報酬を受け取らせるための方便にすぎなかった。そして孔子が原思に与えたのと同じアドバイスを、時房も俊秀に与えたのである。お決まりの報酬はむずかしく考えずに素直にもらっておきなさい、と。「隣里郷党に与えよ」の意味はこれに尽きるだろう。

ところでこのことは、とりもなおさず時房自身、かならずしもこの礼銭の正当性に確信をもてていなかったことを意味する。時房が唯一依拠できたのは、「今においては賄賂にあらず。献芹の儀、すでに定役たり」という論理であった。五月一四日条にみえた「賄賂の儀にあらず。定儀たるか」がこれと同じ意味であることも明らかだろう。恒例化した贈与は「賄賂」ではなく「定役」「定儀」である（時房は別の箇所で「相定まるの法度《はっと》」ともよんでいる）。つまり半ば公的な性格を帯びた手数料となるのだから、一時の奉行がその取得権を放棄できるような性格のものではない。それはいわば廷臣たちの共有財産なのだ。

中世は「職《しき》」の時代ともいわれる。「職」とは官職・職務と、そこに付随する所領などの収入をあわせた特殊な概念だが、この「職」には世襲の許されているものと許されていないものとがあり、それぞれ「永代《えいたい》の職」「遷代《せんたい》の職」とよばれた。「遷代の職」に就任した者は、在職中はその「職」に付随する収入を得ることができるが、その「職」を去れば当然のことながらそれを手放さねばならない。ところが実際には、在職中にその所領を勝手に処分してしまったり、離職後も手放さなかったりといった行為が横行し、また、本来「遷代の職」であるものを、子孫に譲渡するなどして「永代の職」に変えてしまうというような事態が社会の随所で進行した（笠松『日本中世法史論』『徳政令』）。そのような行為は、しばしば「一旦《いったん》執務の人」が「遷代の職」を私物化した、といった表現で批判されたのだが、「一旦執務の人」という語には、しばしのあいだ在職しているにすぎない人、やがては後任者にその職も収入も引き渡さねばならない人というニュアンスが込められている。

このような「職」の見地から右の記事を読みなおしてみると、当時横行していたのとは方向性をまったく異にしながら、坊城俊秀のとろうとした行動にも、じつは「一旦執務の人」が「遷代の職」を私物化したと批判される余地があることに気づくだろう。「遷代の職」の内容に「一旦執務の人」が変更を加えることは、たとえ善意からであっても許されない。ましてその変更が、その「職」に付随する収入の減少につながるものであるとすれば、そのしわ寄せは後任者に行くのだから、結果だけをみれば、「在職中にその所領を勝手に処分してしまったり、離職後も手放さなかったりといった行為」と何ひとつ選ぶところがないことになる。そのような「職」の特質をふまえたとき、時房の説得は、本人の後ろめたさとは裏腹に、きわめて理にかなっていたといわざるをえない。それはまさに代々の神宮伝奏・神宮奉行に受け継がれるべき共有財産なのだから。時房のいう「後輩のため」とはそのことをさしていたのである。

「役得」の源流

「役得」というあまり聞こえのよくない言葉がある。いまも某役所の某ポストには代々の就任者に受け継がれている「役得」があるなどといった話をときどき聞くことがあるが、かりにそのようなものがあるとすれば、その起源はまちがいなく中世までさかのぼる。

中世の日本は、文書の発給や訴訟などさまざまな場面で礼銭＝非公式の手数料が求められた社会であった。賄賂社会といってしまえばたやすいが、公式の手数料というものが存在しなかった社会では、サービスにたいしては非公式の手数料である礼銭で報いるしかない。それは賄賂と紙一重、というよりそもそも区別しようのないものなのだ。

また、江戸時代になると役料とよばれる役職手当がようやく成立してくるけれども、中世の実務官僚には、朝廷の伝奏や奉行（長講堂伝奏・弁官・神宮伝奏・神宮奉行もすべてこれに含まれる）、室町幕府の奉行人など、激務でありながら、その地位に付随する所領や手当をもともたない役職も多く存在しており、それらの役職においては、このような非公式の礼銭収入が実質的に役職に付随する唯一の収入源となっていたのである。となれば、賄賂社会とは、むしろそのような社会の構造に起因する問題であり、役職手当や公的手数料の発想を根本的に欠いていた社会が必然的にたどらざるをえなかった道だともいえよう。

さて、本題である「例」の拘束力という問題に関していえば、これらの事例でもっとも注目されるのが、恒例化した贈与はもはや「賄賂」ではなく、当然の報酬になるという観念である。マネーロンダリングではないが、恒例化することによって「賄賂」はきれいなお金に生まれ変わる。ということは、もはやこそこそ受け取る必要はなく、堂々と受け取ってよいということであり、もし相手が出し渋れば催促してもよいということにもなる。そこで最後の記事、七月二九日条をみよう。

奈良興福寺《こうふくじ》に集う大勢の僧侶たちのトップを別当、ナンバーツーを権別当といったが、興福寺は藤原氏の氏寺であったため、これらのトップ人事は摂関家が藤氏長者《とうしちようじや》としての立場で発給する長者宣《ちようじやせん》という文書によって任命されることになっていた。ところが、この日、権別当に就任する予定の貞兼《じようけん》僧正から時房のもとに届いた書状によれば、「一献《いっこん》の沙汰」をめぐるトラブルから貞兼に手交されるべき長者宣の発給が関白・藤氏長者である二条持基《もちもと》の命で差し止められてしまったのだという。「一献の沙汰」とは一献料ともいうが、要するに長者宣発給の見返りに藤氏長者に贈られる礼銭のことで、別当は五〇〇疋（五貫文）、権別当は二〇〇疋（二貫文）が慣例となっていた。その礼銭を出し渋ったために貞兼は長者宣の発給を差し止められてしまったらしいのである。結果的には貞兼が詫《わ》びを入れたことで、この翌日に長者宣は無事出されるのだが、その顚末《てんまつ》を見届けた時房は、「一献の沙汰、もし定例たらば後日といえども御問答煩《わずら》いあるべからざるか」と批判の矛先を関白持基に向けている。この礼銭が「定例」であるならば、まずは長者宣を出してやって、礼銭は後日請求することだってできるじゃないか、というわけだが、この「定例」がこれまでに出てきた「定役」「定儀」「相定まるの法度」と同義語であることはいうまでもない。

ところでここで注目されるのは、「定例」であれば後日になっても礼銭の請求権は失われないとする時房の認識である。裏返せば、「定例」でない礼銭は、機を逸すれば取り損ねてしまう、つまり建前上はあくまでも任意の贈り物にとどまっているということである。それがひとたび「定例」化した途端、その任意性は失われ、贈り物は贈与者にとっては義務、受贈者にとっては権利として安定化する。儀礼の域を越えて法的、経済的な域にふみこむのである。それがさらに進めば、完全な税への転化がおこるであろうことはたやすく想像のつくところだが、ここでみてきた礼銭はあるいはまだその域には達していなかったのかもしれない。というのも、時房があたかも自分自身に言い聞かせるかのように毎度「定役」「定儀」「相定まるの法度」「定例」と同じ説明をくり返しているからである。完全な税に転化していたとしたら、このようなくどくどした説明は不要だろう。

もっとも、ここには時房の個人的な理由もあったかもしれない。時房の心には、贈られた礼銭を突き返した高祖父たちの「賢行」が重くのしかかっていたのではなかろうか。時代は変わり、貴族たちは昔よりもいっそう貧しくなった。「賢行」を実践したくとも生活がそれを許さなくなったのである。もし坊城俊秀に礼銭を受け取るなといってしまったら、今度はそれが「先例」となり、今後、礼銭は届かなくなる。それが「例」のメカニズムというものである。時房の時代はそれに耐えられなかった。そのような背に腹は代えられない状況のなかで、この手の「先例」はますますその拘束力を強めていったことだろう。

「先例」化の回避策

一方、恒例化した贈与は「定役」であるという観念の広がりは、贈与する側にとっても深刻な問題であった。なぜなら、不用意に贈与をおこなえば、それが「先例」化して事実上の税に転化してしまう危険性がつねにあったからである。いきおい贈与者はこの点に細心にならざるをえない。そうした贈与者たちの深慮のあとをうかがわせる事例もある。

一五五一年（天文《てんぶん》二〇）四月七日、第一三代将軍足利義藤《よしふじ》（のちの義輝《よしてる》）と対立して四国にあった義藤の伯父足利義維《よしつな》から本願寺宗主証如《しょうにょ》のもとに、義維の子でのちに第一四代将軍となる義栄《よしひで》の元服費用を都合してほしいとの書状がもたらされた。証如の母慶寿院《けいじゅいん》のもとにも同趣旨の書状が義維の側室の副状《そえじょう》とともに届けられたが、証如がようやくこの件についての返事を出したのは六月一一日のことであった。そのなかで証如は、結局期待には沿えないと回答した。ところが同日付けで慶寿院から出された返事の内容は少し違っていた。そこには「久しく申し入れざる間、太刀・馬代弐千疋進納す」と書かれていたのである。

慶寿院は証如のようににべもなく断るということはせず、太刀と馬代二〇〇〇疋（二〇貫文）を義維に送り届けた。だが彼女の書状は、贈与の事由を「久しく申し入れざる間」、すなわち、しばらくご無沙汰してしまったのでと記しているだけで、けっしてそれが元服費用だとはいわない。もちろんこれが慶寿院の一存であろうはずはなく、証如との巧妙な連携があったことはいうまでもない。このような文面にした理由について証如は日記のなかで次のように説明している。

右の儀について進献し候へば、後例にも成り候間、かくのごとし。

「右の儀」、つまり元服費用の名目で贈与をおこなったら、それが「後例」となって義維側は今後もことあるごとに金品を要求してくるにちがいない。それを避けるために「久しく申し入れざる間」という文面にしたのだ、というわけである（桜井「日本中世の贈与について」）。「後例」は「向後《きょうこう》の例」ともいい、基本的には「先例」と同じ意味だが、未来について述べるときにはこちらが主に用いられた。将来の例、今後の例といった意味になろう。贈与の「先例」化を避けるためにとられた周到な切り返しである。

この事例でもうひとつ注目されるのは、贈与における男と女の役割分担がまるでお手本のようによくわかる点である。鋭利な男の贈与にたいし、女の贈与はその曖昧《あいまい》さによって男の贈与のもつ鋭利さを緩和する。「久しく申し入れざる間」ととぼけて太刀と馬代を贈るのはまさしく慶寿院に割り振られた役割であり、証如にはできないことだったのである。男の贈与が建前に縛られた、いわば〈硬い贈与〉であったとすれば、女の贈与は――これもけっして本音を語っているわけではないが――はるかに融通のきく〈軟らかい贈与〉であった。当時の言葉を使えば、男の贈与は〈「外様《とざま》」の贈与〉、女の贈与は〈「内々《ないない》」の贈与〉といったいい方もできるが、この点に関しては義維側からも側室が副状を送ってきたように、そのようなチャンネルを当事者双方が用意していたことも見のがせない。女の贈与は公然と嘘《うそ》を語りあいながら破局の回避という重大な役割を淡々と全うしていたのである。

証如らの対応は、さすが戦国大名たちと互角に渡りあっていた教団だけにみごとというほかはないが、近年、中川淳《なかがわじゅん》は、これと同じような効果を生む方法として、「心落《こころおち》」という名目で贈与をおこなえば「先例」化を回避できたことを指摘している（「中世史料に見える「心落」の語義とその変遷」）。中川は、「心落」には本来（a）気落ちすること、（b）厚意、こころざし、（c）納得すること、同意、の三義があり、地理的には大和の史料にやや集中するものの、ほぼ日本全国に分布すること、時間的には南北朝期ごろから用いられるが、なかでも中世後末期から近世初頭にかけて頻出することなどを明らかにしたうえで、やがて

（b）（c）が融合して自由意思にもとづく贈与、自発的な贈与を意味する用法が生まれ、さらに「心落」の名目で贈与をおこなえば「先例」化しにくかったため、それまで用いられていた「志」などの語に代わってしだいに使用頻度が高まっていったと述べている。

中川によれば、「心落」はとくに勧進《かんじん》活動にかかわる文脈で多用されたという。勧進とは本来、寺社の造営や梵鐘《ぼんしょう》制作などの資金を集めるために、勧進聖《ひじり》が廻国《かいこく》して人びとから自発的な奉加《ほうが》・寄付を募ったものだが、鎌倉時代に入ると朝廷や幕府の公認を得て関銭や棟別銭によって徴収する形式が一般化してゆく。これがいわゆる「勧進の体制化」とよばれる事態だが、本書の関心からいえば、これもまた神仏への贈与が税に転化した一例といえよう。そのような趨勢《すうせい》のなかで、本来の自発的な奉加・寄付をさす言葉として用いられたのが「心落」という語であった。

たとえば中川の紹介する、一四四五年（文安《ぶんあん》二）の東寺《とうじ》修造に関する文書に「弘法大師《こうぼうだいし》門徒の課役として、最下の分人別百文充、その上の事は心落として奉加あるべし」という一節がみえる。いまも最低一口、それ以上なら何口でもというかたちで寄付を求められることがときどきあるが、それと同じである。人別最低一〇〇文の奉加は「課役」として義務づけるが、それ以上は「心落」、つまり各人の気持ち次第でいくら出してもよいということで、さしずめ「体制的勧進」のうえに浮かんだ自発的奉加部分といったところだろう。

一方、「心落」が「先例」化しにくかったことを示す事例として、中川は、興福寺別当をつとめた経験もある大乗院尋尊の日記『大乗院寺社雑事記《ぞうじき》』から次の二つの用例をあげている。

「最勝万だら図絵の事、来たる十九日」の由《よし》学侶よりこれを申す。随《したが》って御衣絹《えぎぬ》の事、寺家へ申し入る。「寺領ども正体なきの間、沙汰しがたき」の由返事なり。本来寺務役にてこれなし。御沙汰の時も御心落分なり。長禄二年・文明四年の両度、合わせて三ヶ度、近来御沙汰の例なきなり。（文明一五年〔一四八三〕八月一一日条）

康正《こうしょう》三年の事は意落をもって申し付くるのところ、次の年また承るの間、「去年の事は意落なり。重ねて沙汰し候へば寺務役に成るの間、叶《かな》うべからず」とて奉伽（加）に及ばず。（文明一七年〔一四八五〕六月二七日条）

興福寺では日照りの続く年に最勝曼荼羅《さいしょうまんだら》図絵供養という雨乞《あまご》いの儀式をとりおこなうことがあったが、右の二つの記事はいずれも、曼荼羅を絵師に描かせるための衣（絵）絹＝キャンバス代の負担を求められた尋尊がそれを拒否したときの記事である。最初の記事の後半部では、尋尊がたまたま寺務（興福寺別当）だったときにこれを負担したことがあるが、それは「寺務役」＝別当に課せられた所役だから負担したわけではなく、あくまでも「心落」として寄付しただけであり、現に、近年この供養のおこなわれた長禄二年（一四五八）と文明四年（一四七二）にはこれを負担しなかったと述べている。次の記事では、この衣絹代を康正三年（一四五七）に「意（心）落」として寄付したところ、翌年（長禄二年）にもまた要求されたので、「二年続けて負担したりしては「寺務役」になってしまうから、それはできない」と答えて奉加しなかったと回想している。尋尊が別当に在職していたのは康正二年（一四五六）二月から長禄三年（一四五九）三月までだが、二つの記事を総合すれば、尋尊が衣絹代を負担したのは唯一康正三年のみであり、それ以後はいっさい負担していなかったことになる。

ここに出てくる「心落」が自由意思にもとづく贈与、自発的な贈与の意であることは中川のいうとおりであろう。ただ、これらの記事が、「心落」が「先例」化しにくかったことを示す積極的な証拠になりうるかというと、やや微妙なところがある。尋尊が「心落」であったことを強調しているのは、あくまでもそれが「寺務役」でなかったことをいいたいがためであって、それ以上のものではない。さらに二つ目の記事によれば、たとえ「心落」であっても二年連続で負担してしまえば「寺務役」化してしまうと尋尊も認識していたのであるから、「心落」の効力は中川が考えるほど万能ではなかったかもしれない。「心落」であろうとなかろうと「先例」化、「定役」化が避けられなかった以上、大事なのは「心落」の名目よりも、やはりそれを続けて負担しないことだったのではなかろうか。その意味では「重ねて沙汰し候へば寺務役に成るの間、叶うべからず」という尋尊の言いまわしが、さきほどの「右の儀について進献し候へば、後例にも成り候間、かくのごとし」という証如のそれと瓜《うり》二つであることのほうに私はより大きな興味を覚える。

ただ、尋尊の回想にはひとつ大きな問題がある。じつは尋尊が衣絹代を負担しなかったといっている長禄二年に、実際にはそれを負担していたことが、ほかならぬ本人の日記にしっかりと記録されているのである。つまり、いずれも「心落」としてではあったものの、尋尊は二年連続で衣絹代を負担していたのだ。これが尋尊の記憶違いか、それとも知っていてとぼけたのかはよくわからない。ただ、二年連続で衣絹代を負担してしまったことは、あとから考えてみるとじつにまずい事実だったことだけはまちがいないだろう。さいわい興福寺側にも完全な記録が残っていなかったようで、寺僧たちからこの点を追及されることはなかったが、それというのもこの儀式が旱魃《かんばつ》の年だけにおこなわれる不定期の行事だったからである。毎年おこなわれる恒例行事だったとしたら、こううまくはいかなかったはずだ。

以上、贈与を「先例」化させまいとする中世人たちのさまざまな奮闘ぶりをみてきたが、「例」という一線をめぐるきわどい駆け引きに彼らがいかに多大なエネルギーを費やしていたかがわかるだろう。中世においては「例」に違《たが》うことの恐怖が最初の贈与を躊躇《ちゅうちょ》させ、一度開始された贈与を中止できないものにしていたことが明らかである。

このような人への贈与を義務化させるメカニズムとしての「例」の力、「先例」の拘束力という観念は、贈り物にたいする債務・負債意識という、未開人にも私たちにも共通してみられる意識を打ち破る機能もはたしていたはずである。贈り物は一般に受贈者を債務者の地位に貶《おとし》めるといわれるが、その論理では受贈者が贈与を要求する理由も、それが税化する理由もうまく説明できない。この問題は、贈与というものが贈与者と受贈者の二者だけで完結するものではなく、両者の外部にあって、しかも両者の関係を律していた別の支配者の存在を考えることによって、はじめて説明可能になるように思われる。この支配者は、広義の「法」とよんでもよいものであり、これについてはのちにあらためて触れることになるだろうが、いまはここで取り上げた「例」や「先例」などとよばれたものも、まちがいなくこの「法」の一角を占めていたということだけを指摘しておこう。

3 「相当」の観念と「礼」の秩序

数にこだわる中世人

「先例」の拘束力は贈り物の品目や数量にもおよんだ。前と異なる品目を贈ったり、品目は同じでも数量を減らしたりすれば、受贈者側は不満を覚え、ときにはあからさまな抗議に出ることもあった。

一四五九年（長禄三）に大乗院尋尊と八代将軍足利義政のあいだでおきた八朔《はっさく》の進物をめぐる争いもその一例である。

八朔とは文字どおり八月一日（朔日）に日ごろ付き合いのある者どうしで贈り物を贈りあう行事で、京都では一三世紀末ごろに普及した比較的新しい贈答儀礼である。そのため、贈与の発生という問題を考えるうえでも八朔は恰好《かっこう》の素材となるのだが、それは別の機会にして、いまは争いの中身のほうをみよう。

尋尊の日記『大乗院寺社雑事記』によれば、尋尊は七月二九日に八朔の進物として義政に虫かご一つ、蚊帳《かや》一帖《じょう》、雑紙《ぞうし》一〇〇束を贈った。ところが義政からは返礼が贈られてこないばかりか、八月四日になって尋尊が贈った進物の一部を突き返してきたのである。義政の不満の理由は、それが父義教時代の進物の内容と異なっていたことにあった。義政の認識では蚊帳二帖と練貫《ねりぬき》（絹織物）五重《かさね》が義教時代の「先例」だったのである。そこで義政は、進物のうち蚊帳一帖と紙五〇束だけを受納し、虫かご一つと紙五〇束は返却するという措置をとった。そして尋尊にはあらためて蚊帳一帖と練貫五重の追加進上を命じ、それが届いたら返礼を贈ると通告してきたのである。ただし、紙五〇束は練貫代として受け取っておくとも付け加えられていた。

これを聞いた尋尊はおもしろくない。「返却するなら一部ではなく、すべてを返却すべきだ。練貫現物の追加進上を命じておきながら、練貫代として紙五〇束を留め置かれるのは納得がいかない。それに、奉行がいうには蚊帳二帖と練貫五重が先例とのことだが、義教時代の進物は練貫五重だけだったはずだ」とやり場のない怒りを日記にぶつけている。

練貫五重だけか、練貫五重＋蚊帳二帖かという「先例」自体の認識にもズレがあったことに加え、尋尊のいうとおりなら、義政が最終的に尋尊に求めた進物の総量は、

{(虫かご一つ＋蚊帳一帖＋雑紙一〇〇束）－（虫かご一つ＋紙五〇束)}＋（蚊帳一帖＋練貫五重）＝蚊帳二帖＋練貫五重＋紙五〇束

となり、義政の認識する義教時代の「先例」、

蚊帳二帖＋練貫五重

よりも紙五〇束分だけ義政は余計にせしめようとしていたことになる。尋尊は結局義政にいわれるままに蚊帳一帖と練貫五重を追加進上したようだが、翌一四六〇年（長禄四）の八朔では、蚊帳二帖と練貫五重代一〇貫文を贈っている。ほぼ義政に要求されたとおりの進物をそろえたわけだが、練貫を現物でなく代銭で贈ったところに尋尊なりの抵抗のあとがみえよう。それは前年に紙五〇束を練貫代としてとられたことへの具体的な当てつけではなかったかと私は想像する。余談になるが、義政から突き返された虫かごを、尋尊はその後、義政の

弟で聖護院《しょうごいん》門主である義観《ぎかん》に贈った。義観は「ことのほか御悦喜《えっき》」であったというが、これも尋尊にしてみればささやかな腹いせであろうか。

相当の儀

さて、この争いをみて現代人である私たちはどのような感想を抱くだろうか。かたや天下の征夷大将軍《せいいたいしょうぐん》と、かたや摂関家出身の前大僧正が虫かごや紙でもめているのである。なんと大人げなく、なんと細かいことだろうと思われた読者がほとんどではなかろうか。

しかし中世人には絶対に譲れないものがあった。それらは現代人には多少譲ったところで全然惜しくもないものだが、彼らには違ったのである。たとえば儀式での席次もそのひとつだ。貴族のあいだでは、近接した官位をもつライバルたちより少しでも上座に座ろうと、儀式のはじまるかなり前から式場に行ってちゃっかりと上座に座っている者がいるかと思えば、遅れて式場に到着したライバルが相手の姿を認め、あいつの下座に座るわけにはいかないと儀式への出席をとりやめてさっさと帰ってしまうこともめずらしくなかった。

彼らは叙位・除目《じもく》など、人事の季節になれば、臆面《おくめん》もなく自分の実績を謳いあげ、官位の昇進を望んだが、それがかなえられなければ、病と称して何ヶ月でも家に閉じこもるということを平気でやった。そこには私たちが王朝貴族に期待するみやびな奥ゆかしさなど微塵《みじん》もない。もちろん武士たちも同様で、たとえば鹵簿《ろぼ》（軍事パレード）のさいに行列のどの位置で騎乗できるかは儀仗兵たちにとって大きな関心事であり、それが不本意なものであれば身命を賭《と》してでも激しく抗議した。そして、ここに出てきた虫かごや紙も、彼らにはそうした譲れないもののひとつだったのである。

とくに対人関係において譲れるか譲れないかの判断基準を彼らに提供していたのが「相当」とよばれる観念である。たとえば、「他家より人の物くれたらんには、相当の贈るほどの返しをすべきなり」（「伊勢貞親《さだちか》教訓」）という教訓は、それ自体としては私たちにもわかりやすいものだろう。ただ、彼らのいう「相当」は私たちが考えるよりもはるかに厳密で細かいものであったことを知っておかねばならない。

中世の人びとは損得勘定、釣り合いということにひじょうに敏感であった。彼らは、損得が釣り合っている状態を「相当」、釣り合っていない状態を「不足」とよび、他家との紛争や交際ではつねに「不足」の解消と「相当」の充足を求めたのである。

一般に「相当の儀」とよばれる、このような中世人の衡平《こうへい》観念については、これまで主に紛争の局面で関心を集めてきた。〝目には目を〟という自力救済が幅を利かせていた中世社会では、たとえば紛争によって味方に二人の死者が出たにもかかわらず、敵方に一人の死者しか出なかったとすると、死者一人分だけ「不足」であると考え、「相当」の被害を敵方に負わせるまでは報復を続けねばならないと考えられたのである。その意味では、「復仇《ふっきゅう》の感覚は数理力のごとくに正確であって、方程式の両項が満足されるまでは、何事かがいまだなされずして残っているとの感を除きえないのである」（新渡戸稲造《にとべいなぞう》『武士道』）との評は、武士にかぎらず、中世の人びとにより広くあてはまるように思われる。

けれども事態はいつでもそう単純であるとはかぎらない。たとえば一方に一人の死者が出て、他方には死者は出なかったものの、多数の負傷者が出たばあい、一人の死者にたいし、何人の負傷者が出れば「相当」とみなせるのかという問題も当然出てこよう。また、当時は身分社会であったから、同じ人間の死であってもその人間がどのような身分に属するかによって死の重みが違ってきた。一人の死がつねに一人の死と「相当」であるとはかぎらないのだ。たとえば、一五〇二年（文亀《ぶんき》二）七月に日野《ひの》家の従者と広橋守光《もりみつ》ら数人の貴族たちとのあいだでおきた喧嘩《けんか》では、日野家の従者一人が死亡し、貴族たちも守光をはじめ数人が負傷したが、日野家側は相手側に死者が出なかったことを「不足」に思い、翌日、捕らえていた広橋家の従者一人を斬首《ざんしゅ》するという挙に出た。これにたいし、広橋家側は、日野家側にはたしかに死者が一人出たとはいえ、彼は従者の身分であるから、この時点で当主自身が負傷した広橋家側の被害とのあいだに「相当」が成立しており、したがって翌日の従者の殺害は不当であると室町幕府に訴えた。幕府が最終的にどのような判断を下したかはややはっきりしないところもあるが、どうやら翌日の従者の殺害をもって「等同《とうどう》」が成立したと判断して――それがもっとも面倒が少なかったからだろう――広橋家の訴えを棄却したらしい（勝俣『戦国法成立史論』）。

このように、どの段階で「相当」（「等同」）が成立したかをめぐっては、当事者双方の認識にしばしばズレが生じ、そのことがさらなる復讐《ふくしゅう》の連鎖、紛争の拡大をもたらす原因ともなったのである。ただ、「相当」の観念それ自体についていえば、それが最終的には衡平の実現を追求しつつも、その前提条件として身分差というものが――右の事例では結果的に認められなかったとはいえ――つねに念頭におかれていたことも見落とすわけにはいかない。「相当」とは、いわば引き分けで終えることがルールとなっている特殊なゲームであり、そこでの身分とはさしずめ競技に入る前に各プレーヤーがあらかじめもたされている持ち点、もしくはハンディのようなものであった。そしてこの厄介なゲームは、右にみたような紛争の舞台だけでなく、贈答をはじめとする交際の舞台でも競われていたのである。

書札礼

中世人の頭のなかでは誰が自分より格上または格下であり、しかもどのくらい格上または格下であるのか、逆に対等に付き合ってよいのは誰と誰なのかといった計測が、交際のあるすべての人びとについておこなわれていた。それは自己—他者間だけでなく、他者—他者間の比量も含んでいたから、結果的に中世人は視界に入るすべての人びとを格付けし、序列化していたことになる。そして各人が官位の昇進や政治的な浮沈をくり返すなかで、この情報は日々更新されていたのである。

それをもっとも敏感に反映していたのが手紙の書き方であり、当時これを書札礼《しょさつれい》とよんだ。なかでも一二八五年（弘安《こうあん》八）一二月に亀山《かめやま》院政下の朝廷で定められ、のちに「弘安礼節《こうあんれいせつ》」などの名でよばれることになる礼法は、きわめて体系的で整備された内容をもち、貴族はもちろん、僧侶や武士のあいだでも権威ある規範として、その後長期にわたって影響力をもちつづけた。

「弘安礼節」は書札礼・路頭《ろとう》礼・院中《いんちゅう》礼の三部よりなる。路頭礼とは、路上で牛車《ぎっしゃ》どうしが出会ったときの作法、院中礼とは、院御所で出会ったときの作法をそれぞれ定めたものである。たとえば路上で関白の車と遭遇したとしよう。大臣や大・中納言であれば、騎馬の従者は下馬、徒歩の従者は車の横に整列して関白の一行をやりすごせばよかったが、その下の参《さん》議《ぎ》になると、ここに牛を車から外すという面倒な作法が加わる。さらに蔵人頭《くろうどのとう》以下の殿上人《てんじょうびと》（内裏《だいり》への昇殿を許されている者）になると今度は本人も下車しなければならず、地下《じげ》（内裏への昇殿を許されていない者）の四位になると下車のうえ蹲踞《そんきょ》、五位以下になると下車のうえ平伏しなければならないと路頭礼は定めている。

このように「弘安礼節」の体系は、官職をベースにして、そこに位階と殿上人・地下の別などを適宜加味してつくりあげられていたが、三部のなかでもっともよく参照されたのが書札礼であり、今日伝わる「弘安礼節」の写本にも書札礼だけを書写したものが少なくない（百瀬今朝雄《ももせけさお》『弘安書札礼の研究』）。路頭礼と院中礼が貴族以外にはあまり縁のない礼節であったのにたいし、書札礼は手紙を書くすべての人びとが参照し、応用することの可能な高い汎用性を備えていたからである。

当時の人びとが手紙を書くさい、相手の身分に応じてまず書き分けねばならなかったのが書き止め文言である。これは今日の「敬具」や「草々」にあたるもので、主なものをあげれば、薄礼なほうから順に「謹言」「恐々謹言」「恐惶《きょうこう》謹言」「誠恐謹言」などがあった（ちなみに「拝啓」や「前略」のような書き出し文言は中世には存在しなかった）。これとならんで重要なのが上所《じょうしょ》である。これは「進上○○殿」「謹上○○殿」のように充所《あてどころ》の上に置いて敬意をあらわす文言のことで、これについても「進上」のほうが「謹上」よりも厚礼であるとか、身分の低い相手には付けないとかの規則があった。そのほかにも差出書に実名を書くか、花押《かおう》で済ませるか、充所を本人充にするか、側近充にするかなど、さまざまな規則があった。

試みに蔵人頭の書札礼からいくつか拾ってみると、格下である五位殿上人充のばあいには上所は「謹上」、書き止め文言は「謹言」と薄礼であり、位階がひとつ上がって四位殿上人充になると上所は「謹上」で変わらないものの、書き止め文言は「恐々謹言」とほぼ対等の礼になる。一方、格上である参議や中納言などにたいしては、上所は同じ「謹上」ながら、書き止め文言は「恐惶謹言」と厚礼になり、大納言充になると、上所が「謹上」から「進上」に変わり、書き止め文言も「誠恐謹言」に変わる。そして相手が大納言の上の大臣になると、書き止め文言は「〇〇（実名）頓首《とんしゅ》謹言」と仰々しいものになり、充所も本人充にはできず側近充にしなければならなかった。

このように「弘安礼節」は、官職を基軸にきわめて整然とした体系をつくりあげていたわけだが、書札礼とは基本的に自分と相手との相対的な身分差によって決定されるものであったから、かりにその官職にない者にとっても応用は可能であり、そこにも弘安書札礼が広く受容された理由があったと思われる。

もちろん、実際の書札礼はつねに「弘安礼節」どおりにおこなわれたわけではない。官職だけではかならずしも測りきれない潜在的な身分差というものが、当時の社会にはいくつも存在したからである。たとえば「弘安礼節」の本則にしたがえば薄礼で済むはずの卑官であっても、相手が前途洋々たる摂関家の御曹司《おんぞうし》ともなれば話は別で、規定よりも一段厚礼の書札礼を用いるのが普通であった。室町将軍家のばあいも同様で、絶大な権力を握りながら官職面では頂点を極めていないということも往々にしてあったから、このばあいも本則どおりというわけにはいかなかった。そのことは、じつは「弘安礼節」にもすでに織り込み済みであり、巻末に「おのおの家の勝劣を存じ、よろしく斟酌《しんしゃく》せしむべきものなり」との付則が設けられている。家の優劣などを考慮しながら柔軟に適用せよというわけだ。当時の人びとは、官位以外にも家柄や権勢など、さまざまな要素を勘案しながら用いるべき書札礼を決定していたのである。

このように熟慮に熟慮を重ねたすえに選ばれた書札礼であっても、結果的に相手に不快感を与えてしまうことはあった。それはまだ上等なほうで、未熟さや勘違いから単純な書札礼違反を犯してしまうこともももちろんあっただろう。そうしたときに相手がどのような対応を示すかというと、率直に抗議して手紙の書き直しを求めている例もみられるが、受け取らずに使者に持ち帰らせたり、受け取っても返事をしなかったりといった対応がとられていることも多い。私たち現代人にはかなり陰湿にみえるやり方だが、そうすることで不快感をそれとなく書き手に伝え、手紙の書き直しを促すのである。返事を書状でなく、口頭でおこなうという手もあった。これは「用事自体はすませることができるし、知らん顔をしているよりは角立たずに不満の意思が表現できる」（百瀬前掲書）という点では、たしかに妙案であったかもしれない。

このような書札礼違反への抗議は、かならずしも格上の者から格下の者にたいしてだけおこなわれたわけではないことにも注意しなければならない。たとえ格上の者から送られてきた手紙であろうとも、不適切な書札礼が用いられていれば、けっして泣き寝入りすることなく、憤然と書き直しを求めるのが中世人の矜持《きょうじ》というものであった。そしてこの書札礼も、「弘安礼節」を墨守《ぼくしゅ》していればよいというわけではなく、状況に応じてさまざまな微調整が加えられ、さらにそれが「先例」化することで時代に適合した新たな書札礼が生み出されてゆくのである。

書状と贈り物

ところで、これら書札礼をめぐる争いを、さきほどの大乗院尋尊と足利義政のあいだでおきた八朔の進物をめぐる争いとくらべてみてほしい。「先例」どおりでないことが相手に強い不満をよびおこしている点といい、不満の意思表示として贈り物／手紙を返却したり、返礼／返事をよこさなかったりといった対応がとられている点といい、きれいな相似形を呈していることに気づくだろう。

実際、中世において書状と贈り物とは切っても切れない関係にあった。というのも、近世でもそうだが、正式な贈り物は、これを持参するばあいには目録（折紙《おりがみ》）、送付するばあいには書状を添付することが原則とされていたからである。当時は目録や書状が添えられていない贈り物は内輪の贈り物か、下位者への贈り物にかぎられていたから、正式な贈り物であるにもかかわらずこれらの添付を怠れば、無礼な贈り物とみなされた。だから書札礼違反の書状が届いたときと同様、贈り物だけが単独で贈られてきたばあいにも受け取らずに送り返したり、受け取っても返礼をしなかったりといった対応がしばしばとられたのである。手紙が贈り物と同じ原理によって動いていることについては前章でも触れたが、これらの相似形はそのよい証拠だろう。贈り物と手紙にはまったく同じ礼節のコードが埋めこまれているのである。

ところで贈り物と書状をめぐるトラブルといえば、その手の記事に事欠かないのがさきほども触れた本願寺証如の日記『天文日記』(『証如上人日記』『石山《いしやま》本願寺日記』)である。以下、石田《いしだ》晴男《はるお》の報告から興味深い事例をいくつか紹介してみよう(「『天文日記』の音信・贈答・儀礼からみた社会秩序」)。

一五三五年(天文四)一一月に証如は細川晴元《はるもと》ら、それまで対立していた諸武将と和議を結んだが、そのとき河内《かわち》国守護代の遊佐《ゆさ》長教《ながのり》にも和議の礼として馬と太刀を贈った。遊佐からは翌年正月、太刀一腰《こし》と馬一疋に書状を添えた返礼が贈られてきて、証如は使者とも対面をはたしている。証如と遊佐のあいだにはその後も何度か贈り物や書状のやりとりがあったが、三七年（天文六）三月になって本願寺一家衆の興正寺《こうしょうじ》のもとから「遊佐は、天文四年に証如が和議の礼を贈ったさい、証如の書状が添えられていなかったことに立腹している」との情報がもたらされて証如をあわてさせている。この事例は、書状という一見些細《ささい》にみえる小道具が、贈答においていかに重要な要素であったかを端的に示していよう。

贈り物に添えられる書状には贈与の事由や贈り物の品目・数量などが記されていて、目録と同じ役割をはたしていた。そして、実際に贈られた品物が書状に記された品目・数量と一致しないときにも、彼らは受け取りを拒否したのである。一五五三年（天文二二）一二月に能登《のと》の畠山徳祐《はたけやまとくゆう》（義続《よしつぐ》）から香合《こうごう》・盆一枚・虎皮《とらがわ》が贈られてきたさいには、このうち虎皮のことが書状に漏れていたために証如は虎皮だけ受け取らなかった。けれども翌年、畠山が再度書状を添えて虎皮を贈りなおすと、証如も納得してこれを受け取っている。

このような中世人たちの〝こだわり〟を理解するためには、これも現代人にはややわかりにくい次の作法とあわせて考えてみるのがよさそうである。たとえば世話になったお礼と年始の挨拶《あいさつ》を兼ねて贈り物をするなどということは、今日では許容の範囲だろうが、当時にあっては一つの贈り物が二つの事由を〝兼ねる〟ということは基本的にありえないことであって、一つの贈り物はかならず一つの事由と対応していなければならなかった。だから石田も指摘しているように、同一の相手に同日付けで発送するばあいにも、発送した贈り物のうちどれがお礼の品であり、どれが年始の品かを明確にし、しかもそれぞれの事由を二通の書状に書き分けて送らねばならなかったのである。

これらの作法には、すべての物事を数量化して考える中世人の思考様式がよくあらわれているように思われる。年始の進物が夏に届くこともめずらしくなかったように、中世とは、一年中さまざまな事由の贈答品がかなりのタイムラグをともないながら飛び交っていた時代である。そのような時代に交際を円滑に続けるためには、今日届いたこの贈り物の事由がいつどこで発生したのか、そしてその品目はどのようなもので、数量はどのくらいあったのか、さらにはそれを持参したのが本人であったか、使者であったか、使者のばあいにはどの程度の身分の者をよこしたか等々の情報を正確に記録しておくことが不可欠であった。それらの記録は、そのまま返礼をおこなうさいの基準となる。ここに自分と相手との身分差を加味したうえで、返礼の品目と数量、派遣する使者の身分、返礼する時期――すぐに返礼するか、一定の日数をおいてから返礼するか――等々を決定したのである。そのような思考様式のもとでは、一つの贈り物が二つの事由を〝兼ねる〟などということはとうていありえない話であった。

もうひとつ、これはさきの遊佐長教の事例にかかわることだが、不満の表明が原因発生から一年以上もたって突然なされていることにも注目したい。証如が原因をつくったのは一五三五年（天文四）一一月であったにもかかわらず、遊佐から不満の表明がなされたのは三七年三月と、じつに一年半近くもたってからのことであった。しかもその間、何食わぬ顔で贈答や書状のやりとりが続いていたというのも現代人には信じがたいところだろう。

そのような執念深さと二面性を、中世の人びとはたしかにもっていた。彼らの帳簿の付け方はきわめて厳格であり、たとえ些細な「不足」であろうとも、それが回収されないかぎりは何年でも貸し勘定として繰り越されていった。目をつぶるとか、水に流すといった選択肢はそこにはない。彼らは何年ものあいだこの「不足」の存在を忘れず、回収の機会をじっと待ちつづけることができたのである。

だが一方では、その間に平然と贈答や書状のやりとりがおこなわれていたことや、原因が解消されればすぐさま良好な関係が回復していることからもうかがえるように、彼らの不満がかならずしも相手の人格そのものの否定には向かわなかったことにも注意する必要がある。現代人であれば、一度このようなトラブルのあった相手とは、「あんなやつとはもう付き合わない」と絶交してしまいかねないところだろうが、中世人はそうではなかったのである。ルース・ベネディクトの表現を借りれば、「彼らはアメリカ人のように、ある人を不正であると言って非難する代りに、その人間がなすべき務めを完全に果たさなかった行動の世界を明らかに示す。ある人を利己的であるとか不親切であるとか言って非難する代りに、日本人はその人間が掟《おきて》に違反した特定の領域を明示する」（『菊と刀』）というのが彼らの典型的な行動様式であり、よくいえば〝罪を憎んで人を憎まず〟が彼らの流儀であった。

ただし、このように批判がかならずしも人格の査定に直結しなかったということ（批判の非人格性）は、逆に相手の行為を評価するばあいにも、その評価は人格まで到達しにくかったということ（評価の非人格性）を意味してもいる。もちろん中世にも「懇志《こんし》」という言葉があったように、心のこもった贈り物というものがまったく存在しなかったわけではないが、より多くのばあい、贈与は定型化、ルーティン化した行動様式として存在していたにすぎないようにみえる。かりに心のこもった贈り物がなされたとしても、その心まで評価されることが少ないとしたら、そもそも心のこもった贈り物をしようという動機が育つだろうか。

定型化、ルーティン化した行動様式とは、要するに反応であり、反射である。基本的ないくつかの項目が入力されさえすれば、そこから自動的に品目・数量が割り出され、出力されてくるという機械的な一面が、中世の贈与にはまちがいなくあった。中世の贈与がもっていたこのような非人格性ゆえに、このシステムはまもなく経済的な手段としても利用されてゆくことになるのだが、それについては次章で詳しくみるとして、その前にもう一度「相当」

という観点にたちもどることにしよう。

贈与における「相当」

贈与において「相当」が成り立つとはどういうことかといえば、何よりもまず贈り物と返礼とが同じものか、少なくとも等価値であることが不可欠であろう。実際、中世の贈答をみると最初に贈られたものとまったく同じ品目を同じ数量だけ返礼として返している例が少なくない。この点では、相手より少しでも多くのものを贈ることで相手を打ち負かそうとするポトラッチ社会とは、好対照をなしていたといえよう。これを人類学では、対称的返済（symmetric repayment）とか、同類交換の原理（principle of like-for-like）などとよんでいる（伊藤幹治《いとうみきはる》『贈与交換の人類学』）。相手がすでにもっているものを贈ることにどのような意味があるのかといぶかる人もいるかもしれないが、私たちが毎年大量にやりとりしている年賀状もじつはこの類だということを思いおこしてほしい。中世にもいつのころからか夏の恒例行事として瓜を贈りあう習慣が生まれたが、この季節にはどこの家にも瓜が溢《あふ》れていると知りながら、人びとは瓜を贈り、また受け取りつづけたのである。

次には贈与の時間的な一致ということも重要である。年中行事化した贈答儀礼では、両当事者が対等の関係にあるばあい、双方の贈与はほぼ同時におこなわれるのが理想的であろう。

それが比較的よく観察されるのが前にも触れた八朔の贈答であり、対等の関係にある者どうしの贈答はだいたい同日のうちに完結していることが多い。この点は今日の年賀状にしてもほぼ同じ傾向が認められるはずだ。ただ、到着日時の同時性が正確には追跡されない今日の年賀状とは少し違って、贈り物のばあいには同じ一日のなかでも遅速が問題となる。なぜなら贈答というものは文字どおり「贈」と「答」という二つの要素からなり、この点を曖昧にしておいてはくれないからである。まれに贈り物どうしが行き違いになるケースもないわけではないが、ほとんどのばあいは時間的にいくら近接していてもどちらかが贈り物になり、どちらかが返礼になることを免れない。そのようなばあい、両者の対等性＝「相当」はどのように確保されたのだろうか。

贈答が開始された時点にまでさかのぼれば、たとえ対等な者どうしの贈答であっても、かならずどちらかが最初の贈与者であったはずである。贈与を開始した事由は、何か便宜をはかってくれたことへの感謝であったかもしれないし、たんに近づきになりたいというだけの動機であったかもしれないが、それはいまは問わない。最初の贈与者が明らかに格下の者であれば、最初の受贈者は翌年もまた彼からの贈り物を待って返礼をおこなえばよい。それで「相当」が成立しているからだ。ところが最初の贈与者が明らかに同格の者であるばあいには最初の受贈者側に負い目の感情が働き、翌年は自分のほうから先に贈り物をしようという行動に出ることが多い。その結果、贈答の開始から一、二年目ぐらいは儀礼上の混乱に陥ることもあるが、その時期を過ぎると、やはり最初の贈与者が先に贈り物をし、最初の受贈者がそれにたいして返礼をおこなうというかたちに落ち着くケースが多いように思われる。

けれども礼節の通則からいえば、これは明らかに対等の礼ではない。これでは最初の贈与者が格下の地位に甘んじていることになり、彼にとっては不満＝「不足」が大きすぎるからだ。じつは、中世の人びとはこのような事態を回避するためにある工夫をしていたのである。その工夫とは、たとえば「この人とはこれまで付き合いがなかったけれども、これからは八朔の進物をやりとりする仲になりたい」と思う相手があらわれたとすると、定日《じょうじつ》である八月一日ではなく、それよりも若干遅れて、たとえば八月三日とか五日ごろに最初の贈与をおこない、翌年以後も同じ日に贈りつづけるのである。

年始の挨拶なども同様だが、八朔の贈答も八月一日を一応の定日としつつも、実際にはそれ以後の数日間さみだれ式におこなわれるのが普通である。八月一日に贈答をおこなうのは家族や主人など、とくに強い人的紐帯《ちゅうたい》で結ばれた、一言でいえば身内に属する人びとどうしか、あるいは逆に天皇・院・将軍など、もっとも敬意を払うべき相手にたいしてであり、八月一日から離れるにしたがって比較的疎遠な者どうしの贈答へと移ってゆく。つまり八月一日からの時間的距離が、ほぼそのまま内から外へという人間関係の距離をあらわしているのである。したがって八月一日から離れた日に贈与をおこなえば、かりに先に贈与をおこなったとしても受贈者との距離を保つことができ、受贈者の風下に立たされる事態は避けられる。

このように両当事者が対等の関係にあるばあいの八朔の贈答は、八月一日を避けておこなうこと、ただし返礼は贈り物がなされた日と同日におこなうことが基本であったといえるが、ではここに身分差がからんでくるとどうなるだろうか。両当事者間に明らかな身分差があるばあいには、格下の者が先に贈るのは当然としても、格上の者の返礼はかならずしも贈り物を受け取った日におこなう必要はない。身分差が僅少《きんしょう》であれば即日の返礼がなされるであろうが、身分差が大きいばあいには返礼までにかなりの日数がかかる、あるいは故意にかなりの日数をかけるのである。

伏見宮貞成親王と後小松《ごこまつ》上皇とのあいだでおこなわれた八朔の贈答は、まさにその典型例であろう。貞成親王の祖父崇光《すこう》天皇はもともと天皇家の嫡流であったが、南北朝の動乱のさなか南朝方に拉致《らち》される事件がおこり、これをきっかけに彼の弟が期せずして皇位につくことになった。それが後光厳《ごこうごん》天皇である。まもなく釈放された崇光上皇は皇位を自分の子孫に返還するよう幕府に要求するが認められず、以後、皇位は後光厳－後円融－後小松－称光《しょうこう》と、四代にわたり後光厳天皇の子孫に継承されてゆく。つまり貞成親王と後小松上皇とは、かつての嫡流でありながら皇位を失った崇光天皇の子孫と、思いがけず皇位を手中にし、彼らから嫡流の地位を奪った後光厳天皇の子孫という関係にある。この潜在的なライバル関係は二人の贈答にどのような影を落としただろうか。

貞成親王の日記『看聞日記《かんもんにっき》』には、日記がはじまる一四一六年（応永二三）から後小松上皇が没する三三年（永享五）まで、途中、二六年（応永三三）から二九年（永享元）までの四年分の記事を欠いているものの、それ以外の年についてはすべて八朔の贈答日が記録されている。それをまとめると次のようになる。

貞成親王の贈与日		後小松上皇の返礼日
一四一六年（応永二三）八月一日	↓	九月三日
一四一七年（同　二四）八月一日	↓	一四一八年（応永二五）七月二八日
一四一八年（同　二五）八月一日	↓	一四一九年（同　二六）七月二八日
一四一九年（同　二六）八月一日	↓	九月二九日
一四二〇年（同　二七）八月一日	↓	一二月二四日
一四二一年（同　二八）八月一日		
一四二二年（同　二九）八月一日	↓	八月二八日（二年分）
一四二三年（同　三〇）八月一日		
一四二四年（同　三一）八月一日	↓	九月二四日（二年分）

一四二五年（同　三二）八月一日　→　記事欠（ただし一四二六年正月以降）
一四二六年（応永三三）～一四二九年（永享元）記事欠
一四三〇年（永享　二）八月一日　→　八月九日（二年分）
一四三一年（同　　三）八月一日　→　九月二一日
一四三二年（同　　四）八月一日　→　一四三三年（永享五）二月一一日
一四三三年（同　　五）八月一日　→　一〇月五日

これをみると、貞成親王は律儀にもつねに八月一日に進物を届けているのにたいし、後小松上皇からの返礼は毎年大幅に遅れ、しかも年によってかなりむらがあることもわかる。まず一四一六年の返礼は約一ヶ月遅れで、このときは「忙しくて遅くなってしまった」と弁解しているものの、その後はもっと遅くなり、一七年と一八年の返礼がなされたのはいずれも翌年の七月二八日であった。次の八朔が来るぎりぎりのところまで返礼を引き延ばした恰好である。一九年の返礼は九月二九日と一転して早まるが、二〇年の返礼はふたたび遅くなって、一二月二四日とかろうじて年内に滑りこむかたちでおこなわれている。そして二一年以降はついに毎年返礼することをやめ、翌年の分とあわせて二年分まとめて返礼をおこなう方式に変化してしまう。その後、記事が欠落している時期をはさんで、三〇年八月九日になされた返礼も二年分であったと書かれているから、二九年分も年内には返礼がおこなわれなかったことがわかる。三一年以後はふたたび一年分ごとに返礼をおこなう方式にもどるが、返礼時期のむらはあいかわらずである。

この返礼時期のむらについては、気まぐれな後小松上皇の個性によるところもあっただろうが、返礼時期の全般的な遅れについては、やはり嫡流であることの誇示、すなわちかつての嫡流にたいして格の違いをまざまざと見せつけるためのデモンストレーションであったことはまちがいあるまい。この点は、貞成が同じく八月一日に進物を届けていた室町殿からの返礼が、ごくわずかな例外を除いて即日か、遅くとも五日ごろまでに届いていたのとは対照的である。

このような後小松上皇の仕打ちにたいして、貞成親王がどのような感情を抱いていたかといえば、たとえば返礼が一年後に届いた一四一九年七月二八日の日記には「去年のことを忘れずにいてくださってとてもありがたい」と書いており、年末に届いた二〇年一二月二四日の日記にも「年末のお忙しいときに忘れずにいてくださってとてもうれしい」などと書いている。これではあまりにも不甲斐《ふがい》なさすぎるじゃないかといいたくもなるが、少なくとも貞成はこの状態を「相当」と認めていたわけである。その後の歴史は、後光厳天皇の子孫が後小松の子称光天皇の代で断絶したために、貞成の子（後花園天皇）に皇位が転がりこむという、あざなえる縄のごとき経過をたどる。崇光天皇の子孫にとってはじつに七七年ぶりの皇位回復となるが、右の時点ではまだそのような開運の訪れを知るよしもなく、貞成はおのれの皇統の不運を静かにうけいれていたといえよう。

すべてはそのあとにはじまる

ただ、つねに傲慢であるかにみえた後小松上皇の行動に関して、二点だけ特筆しておきたいことがある。ひとつは最後となった三三年一〇月五日の返礼が後小松の死のわずか一五日前に、しかも後小松自筆の書状をもってなされていることである。後小松は八月一〇日ごろから病床につき、九月には二度にわたって危篤に陥っている。一〇月五日に小康を得たのも束《つか》の間、九日にふたたび病状が悪化して二〇日の夕刻ついに帰らぬ人となるのだが、右の返礼は小康を得たまさにその日になされていたことになる。

私たち現代人であれば、生死のはざまをさまよっているような状態で、八朔の返礼などもうどうでもよいことではないかと考えてしまうところだろうが、中世人にとってそれはけっして些末《さまつ》なことではなかったのである。死期が間近に迫っていることを悟った後小松は、小康を得たその日のうちに最後の返済を終え、帳尻《ちょうじり》を合わせてから旅立とうとしたのだろう。いつもルーズにみえた後小松のもとにも正確な帳簿はやはり存在していたということ、そしてその点では、後小松もまた中世という時代を生きた人びとの一員であったということにあらためて注目しておきたい。

もうひとつは、返礼が遅延する理由には、後小松のそれに典型的にみられたような政治的理由、あるいは礼節上の理由のほか、経済的困窮から返礼をしたくてもそれができないというケースもあったことを付言しておかねばならない。後小松からはなかなか返礼をもらえなかった貞成も、彼よりも格下の者にたいしては返礼するほうの立場にあったわけだが、貞成のばあい遅れてもせいぜい一、二ヶ月程度で、後小松にくらべればはるかに律儀であったといえる。ただその貞成も、一四二五年（応永三二）にはすべての返礼を済ませるまでに一二月下旬までかかっているように、経済的理由からやむなく返礼を大幅に滞らせてしまう年もあった。また、大きな遅延のなかった年でも、八朔の進物を取りそろえるのに毎年かなりの苦労を強いられていた様子が日記にも滲《にじ》み出ている。そのような実情をふまえたときに注目されるのが、後小松から二年分の返礼が届いた二四年九月二四日の日記である。そこで貞成は次のようなことを書いている。

種々重宝目を驚かす。祝着《しゅうちゃく》極まりなし。殊更《ことさら》金の香箱重宝なり。この間窮困《きゅうこん》の式、連々《れんれん》申し入るるの間、別して思《おぼ》し食《め》し入れられ、重宝ども拝領す。時宜の趣畏悦《いえつ》極まりなし。

このときの後小松からの返礼はいつにもまして豪華な内容であったが、その理由は、それが二年分の返礼であったということもさることながら、「この間窮困の式、連々申し入るるの間」、つまり貞成が日ごろから後小松にたいして窮状を訴えていたためであった。苦しいから八朔の返礼には高価なものをお願いしますとまではさすがにいわなかったかもしれないが、貞成は八朔の進物を後小松に贈りつつ、一方では困窮して生活が立ちゆかないと同じ相手に訴えていたわけである。このような相反する行動がなぜ両立しうるのかを考えたとき、ここでもまた贈与の非人格性という視角が役立つように思われる。八朔の進物は喜んで贈るものでも、いやいや贈るものでもなく、とにかく贈るものだったと考えてみよう。つまり、贈与自体は選択の余地のない大前提であり、すべてはそのあとにはじまるのだと。

この問題と関連してもうひとつ見落とせないのは、窮状を訴えた結果として豪華な返礼が届いたという因果関係は、これらの品々が換金されることなくしては成立しないという事実である。質入れするか、売却するかはともかく、貞成の書きぶりは明らかに換金することを自明視しており、後小松のほうもそれを承知のうえで贈ってきたとみてまちがいない。つまり、後小松が貞成に贈ったのは金の香箱である以前に商品だったということである。この品物なら相手に似合いそうだとか、この品物なら相手に喜んで使ってもらえそうだとか、そのような個性的、人格的な使用価値として贈られるのではなく、味気ない値札のついた没個性的、非人格的な交換価値として贈られることが少なくなかったところに中世の贈り物のもつ大きな特徴がある。そこで次に検討しなければならないのは贈り物と商品の関係、あるいはより広く贈与と経済の関係ということになってくる。〈贈り物＝人格的〉〈商品＝非人格的〉という単純な二項対立がもはや成り立たない以上、私たちは贈り物と商品のあいだに存在する距離をはじめからもう一度測りなおさねばなるまい。

第3章　贈与と経済

1　贈与と商業

中世の市場経済

贈り物と商品の関係を問題にする前に、まずはその前提となる事柄、すなわち中世に市場経済が存在したことを確認しておく必要があろう。市場経済が存在しなければ、贈り物と対比すべき商品も存在しないことになるからである。

さすがに最近では中世が自給自足の時代だったと主張する歴史家はほとんどみられなくなったが、ただ中世における市場経済の発達度をどの程度とみるかという段になると、まだ評価が分かれるかもしれない。私自身はその発達度をひじょうに高く評価している一人だが、そう評価できる理由を以下に述べよう。

網野善彦が指摘するように、中世の年貢には米だけでなく、塩・鮭《さけ》・鮑《あわび》などの水産物や榑《くれ》・檜皮《ひわだ》などの林産物、鉄・金などの鉱産物、絹・麻布などの繊維製品、莚《むしろ》・合子《ごうす》などの工芸品等々、いわゆる非水田的生産物が多数含まれていたが、そのなかには農間副業では生産できないような高い専門的技術や集約的な労働を要する産品もあり、それらが、手工業をはじめ、さまざまな生業にたずさわる人びとによって生産されていたことは疑いない（『日本中世の民衆像』ほか）。しかも、これも網野が力説するように、水田では生産されないそれらの年貢が水田にたいして賦課されていたことが重要である。このような体制は、荘官や農民が製品生産者（「非農業民」）から製品を買い取って年貢に充てるような構造、すなわち在地における一定の商品交換の展開を前提としなければまず説明できない。

一方、これらの年貢を取得する貴族や寺社、武士などの荘園領主・支配者側に目を転じると、彼らのもとに貢納される年貢は、米にせよ、絹や麻布などの繊維製品にせよ、明らかに自家消費分を超えている。したがって、その大半は京都や奈良、鎌倉といった支配者層の居住地において売却・換金されていた、もしくは米や絹、麻布などがそれ自体貨幣として物資の購入に充てられていたと考えざるをえない。つまり、在地においても中央においても商品交換が貢納制度に組みこまれるかたちでかなり早くから、おそらくは平安時代後半にはすでに広く展開していたとみられるのである。

では商品交換がおこなわれていれば、その社会は市場経済社会とよんでよいのだろうか。これが次の問題である。実体経済を問題とするならば、たとえ商品交換がおこなわれていたとしても、それが物流全体に占める地位が支配的になっていなければまだ市場経済とはよべないのではないか、という疑問は当然出てこよう。貢納品として移動する物資の流れ（領主的物流）が商品として移動する物資の流れ（商品流通）よりも大きければ、それはまだ貢納経済・指令経済であって市場経済ではないというのはもっともな言い分である。統計資料の存在しない中世について、この問題に決着をつけることはほとんど絶望的と思われるかもしれないが、ただ、だからといってこの発問自体を取り下げてしまうのは後ろ向きというものだろう。統計資料の欠を、論理や状況証拠の積み重ねによってカバーしてゆく手法もありうるからだ。

一三世紀後半、中世日本の経済構造に大きな変化をもたらすひとつの出来事がおこった。それまで米で納められていた年貢が、このころをさかいにして銭で納める形態に変化したのである。これを年貢の代銭納制というが、それが一三世紀後半、とくに一二七〇年前後から急速に普及していった。じつは絹や麻布など、繊維製品で納められていた年貢の代銭納化は、これよりもやや早く一二二〇年代にはじまっていたが、米年貢も半世紀ほど遅れてようやく代銭納化し、これによって年貢の大半が現物ではなく、銭で納められる体制が定着したのである（松延康隆《まつのぶやすたか》「銭と貨幣の観念」）。

私は、この出来事は中世日本の経済にとって最大の事件であったといっても過言ではないと思っている。それがどのような変化をもたらしたかといえばこうである。それまでは、荘園現地では生産物をそのまま年貢として中央に送り出せばよかった、つまり、それらはほぼそのまま領主的物流に投じられたのである（ただし、その一部が現地での商品交換によって確保されていたことは前述のとおりである）。ところが代銭納制がはじまると、生産物を現地でいったん売却・換金し、それによって得た銭を年貢として中央に送るようになる。ここでは生産物が領主的物流に投じられることはもはやない。それらはそれぞれの土地で売却され、銭に替えられた時点で商品に変化する。これを物流の見地からいえば、それまで年貢として現地を船出していた生産物が、代銭納制普及以後は商品として船出するようになったということである。つまり年貢の代銭納制は日本列島に厖大《ぼうだい》な商品の流れを発生させ、その結果、代銭納制普及以後の日本列島では本格的な市場経済が展開したと考えられるのである（桜井・中西聡《なかにしさとる》編『新体系日本史12　流通経済史』）。

この予測を裏づけてくれるのが、一四四五年（文安二）に東大寺領摂津国兵庫北関《ひょうごきたせき》の関銭《せきせん》徴収台帳として作成された『兵庫北関入船納帳《いりふねのうちょう》』である。この史料によれば、同年だけで塩一〇万六〇〇余石、材木三万七〇〇〇余石、米二万四〇〇〇余石をはじめ、麦・豆などの雑穀や、鰯《いわし》・ナマコ・干鯛《ほしだい》・塩鯛・海老《えび》・鮑・アラメなどの海産物、その他、鉄・胡麻《ごま》・苧・莚・藍《あい》・壺・すり鉢など、じつに大量の、そして多彩な物資が中国・四国地方から畿内方面に運ばれていたことが知られるが、そのほとんどは年貢物ではなく、商品として運ばれたものであることがわかっている。そのなかには塩・米・榑・鉄・莚など、かつての年貢品目が多数含まれていることも見のがせないところだろう。

信用経済の発達がみられたのも代銭納制普及の大きな影響のひとつだ。商品流通が拡大するなかで、銭よりもさらに軽量で輸送コストの安い決済手段が求められた結果、この時期に出現したのが割符《さいふ》とよばれた手形である。これは、今日の約束手形や為替手形に近いもので、主に畿内やその周辺の港町に拠点を置く問屋《といや》によって振り出された。それを遠隔地商人がたずさえて地方に下り、各地の生産物の買い付けに用いたのである。『兵庫北関入船納帳』に登場する厖大な商品を動かしていたのも、このような遠隔地商人たちの活動にほかならない。生産物と引き換えに荘園の代官や荘官、百姓らの手に渡った割符は、今度は年貢の送進手段として京都等にいる荘園領主のもとに送られ、荘園領主はそれを問屋に持ちこんで換金した。こうして代銭納からさらに進んで、割符による年貢納入が定着した荘園も少なくなかったのである。

注目されるのは、割符には一個一〇貫文の定額手形が多かったことである。それらは一つ、二つと個数で数えられ、一つといえば一〇貫文、二つといえば二〇貫文をさしたが、定額面であることは、人から人へ転々と譲渡されうる、紙幣的な機能がそこに期待されていたことを示している（桜井『日本中世の経済構造』）。一〇貫文といえば、ほぼ今日の一〇〇万円に相当するが、中世後期の経済はそのような高額貨幣としての機能をもった特殊な手形をも発達させたのである。

代銭納制の普及は、商品作物の生産を促進した可能性も高い。というのは、年貢の代銭納制とは年貢として銭を要求しているわけだが、その銭をどのように入手するかについてはいっさい問うていないからである。だから、それまで米を中心に作っていた荘園が、代銭納制採用以後も引き続き米を作らねばならない必然性はまったくない。それよりは、土地土地の気候に適した、しかも換金性のより高い作物、つまり商品作物を作ったほうがはるかに効率的なわけで、少なくとも年貢の代銭納制はそのような生産者行動を制度的に可能にしていたといえる。『兵庫北関入船納帳』でいえば、これまで近世の商品作物として知られてきた阿《あ》波《わ》国の藍が一五世紀半ばという時期に年間四四二石も兵庫北関を通関している事実をどう考えたらよいだろうか。それらは、通説より二、三〇〇年も早く畿内方面へ大量移出されていたのである。

一四世紀に成立した『庭訓往来《ていきんおうらい》』にも加賀《かが》の絹や讃岐《さぬき》の檀紙《だんし》など、それまでの往来物には登場しなかった、また荘園の年貢品目としても知られていなかった新たな特産物がいくつも登場してくるが、一四世紀から一五世紀にかけてこのような新たな特産物、特産地を簇生《そうせい》させた契機があるとすれば、やはり一三世紀後半における代銭納制の普及以外には考えられないだろう。

以上に縷々《るる》述べてきたことから、私は、年貢の代銭納制が普及した一三世紀後半以降の日本列島は確実に市場経済社会に入っており、それは石高制のもとで米納年貢制が復活する一六世紀後半まで約三〇〇年間にわたって存続したと考えている。他方、代銭納制普及以前については、領主的物流量がまだ商品流通量を上まわっていた可能性が高いが、それでも貢納制度そのものが商品交換を不可欠の要素として組みこんでいたことから明らかなように、商品交換の占める比重はけっして小さくなかったと考えられる。

ところで年貢の代銭納化はなぜ一三世紀後半、とくに一二七〇年代におきたのだろうか。従来は〈労働地代→生産物地代→貨幣地代〉という西欧でつくられた発展段階論にもとづいて、国内経済が一定の発達をとげた結果、このころようやく日本社会が本格的な貨幣経済の時代を迎えたのだというような説明がなされてきたわけだが、一九九〇年代に入って、この説明がまったくの見当違いであることがわかってきた。日本でこの時期に年貢の代銭納制が普及した背景には、じつは宋《そう》から元《げん》への交替という中国国内情勢が深くかかわっていたことが大田由紀夫《おおたゆきお》によって明らかにされたのである（「一二―一五世紀初頭東アジアにおける銅銭の流布」）。

日本の中世国家は、朝廷にせよ、幕府にせよ、貨幣をみずから鋳造することはなく、周知のように、その供給をほとんど中国の銅銭に依存していた。そしてそれをささえたのが、中国歴代王朝のなかでもとくに大量の銅銭を鋳造したことで知られる北宋の貨幣政策だった。ところが一二七六年に元＝モンゴルが事実上南宋を滅ぼして中国を統一すると、翌年、元は紙幣専用政策をとり、紙幣の流通を円滑にするために銅銭の使用を禁止した。その結果、中国国内で使い道を失った銅銭が海外に大量流出し、それが日本においては年貢の代銭納制を一気に普及させる結果をもたらしたというのが大田の見解である。

中国からの銅銭流出は、実際にはもう少し早い時期にはじまっていた徴証があるが、いずれにしても宋・元交替にともなう中国国内の混乱が年貢の代銭納化の主要因であることはほぼ動かないところだろう。その証拠に一三世紀後半には日本だけでなく、ヴェトナム、ジャワなど東アジア全域で中国銭使用の拡大という共通の現象がおきている。東アジア全域でおきたことを、国内経済の発達といった一国史的な理由に帰するわけにはいかない。これは、外的要因を無視し、すべてを内的な発展で説明してきたマルクス主義歴史学に典型的な理論的破綻《はたん》例といえよう。

贈答品市場

以上、中世後期の日本が市場経済社会であったことを長々と説明してきたが、このことを確認したうえで、いよいよ本題である贈り物と商品、あるいは贈与と商業とのかかわりについて考察しよう。

贈与と商業とのかかわりというばあい、さしあたり二つの局面を考えることができる。ひとつは贈答品の供給と消費の局面で生じる商業との接触である。中世人の日記を二、三ひもといてみただけでも、彼らがほとんど毎日のように厖大な量の贈答をくり返していたことがわかる。その量を考えれば、それらの贈答品がどこから来てどこへ行ったのかという問題は流通経済史的関心からも軽視するわけにはいかない。そしてその供給源・消費先として、まずは商品市場とのかかわりに注目してみるというのはごく自然なことであろう。

一方、贈与が商業とかかわりをもちうるもうひとつの局面とは、贈答儀礼そのものが物資調達手段になっている、いいかえれば贈与経済が商業あるいは市場経済を代替しているケースである。第一の局面では、贈与と商業とは相補的関係にあるのにたいし、第二の局面では競合的関係にあるといえようか。なお、贈与経済（gift economy）という語は、「市場経済（商品経済）の対立概念で、互酬性の原理にもとづいた贈与と返済を基調とする経済システムのこと」（伊藤幹治『贈与交換の人類学』）と定義されるように、贈与を市場経済（market economy）と対峙《たいじ》するひとつの経済システムとしてとらえた概念であり、主として贈り物としてのモノの流れ（贈与経済）と商品としてのモノの流れ（市場経済）の関係性を問う文脈において使用されてきた。そしてその点では、本章もまたそのようなアプローチのひとつということになる。

さっそく第一の局面、すなわち贈答品の供給と消費の局面で生じる商業との接触からみていこう。

毎年七月になると、中世の人びとは間近に迫った八朔に向けて贈答品の調達に奔走するのを常としていたが、その資金にまわすために年貢の一部の納期をこの時期に設定していた荘園領主も少なくない。彼らの家計のなかでこの贈答儀礼がいかに大きなウェートを占めていたかがうかがわれよう。次に贈答品の調達先だが、これぞという相手にたいしては職人に誂《あつら》えて手の込んだ品をつくらせている例もあり、逆に家計が苦しいときには新品でなく、手もとにある中古品で済ませている例もみられる（本郷恵子《ほんごうけいこ》「八朔の経済効果」）。だが、より一般的であったのはやはり市中で購入する、つまり商品市場から調達するという方法だろう。貞成親王の日記『看聞日記』にも、一四三七年（永享九）七月と翌三八年七月に将軍足利義教への八朔進物を購入するために近臣を市中の「店屋」に遣わしたという記事がみえる。プニナ・ワーブナーは、現代社会においては主に市場で入手した商品が贈り物に使用されていることから、贈与経済が市場経済に埋めこまれていると評したが（「経済合理性と階層的贈与経済学」）、同じことは中世日本でもすでに広くおこなわれていたということである。

ちなみにこれと対照的なのが、夏の年中行事として前にも紹介した瓜の贈答である。というのも、この行事に使用される瓜は、少なくとも支配階級に関するかぎり、荘園・所領などから公事《くじ》のかたちで貢納されたものがほとんどであり、購入に頼るのはごく例外的なばあいにかぎられていたからである（盛本昌広《もりもとまさひろ》『日本中世の贈与と負担』）。この行事がどの程度の階層まで浸透していたかについてはまだ不明な部分も多いが、このような食品・農産物の贈答のばあい、市場経済との接触は概して希薄であったとみてよいだろう。

では、贈られた贈答品はどのように消費されたのだろうか。食品や紙などの消耗品、あるいは衣料品のようなものであれば自家で消費したり、親しい者に分配（お裾分け）したりもできるが、装飾品・美術品の類になるとなかなかそうはいかない。かといってそれらはひたすら秘蔵されつづけたわけでもなく、いくつかの方法によって放出されていたことがわかっている。その方法の主なものとしては第一に売却、第二に贈答品への再利用があったが、まずは前者からみよう。

受贈者のもつ特殊な性格から、そこには特定の贈答品ばかりが集中して――明らかに受贈者の使用量を超えて――贈られるというケースがある。神社に奉納される神馬《じんめ》はその典型例だろう（よく知られた絵馬はその名残である）。とりわけ武士のばあい、将軍であれ、大名であれ、何ごとかを神に祈願するときには神社に神馬を奉納するのが通例であったから、神社には常時多数の馬が流入していたとみてよい。では馬の奉納をうけた神社はその馬を飼いつづけねばならないのだろうか。もちろんそうではない（そのようなことをすれば飼料だけで神社の経済はすぐに破綻してしまうだろう）。結論をいえば、すでに示唆したとおり、神社はその馬を売却するのである。

たとえば、一三七二年（応安五）一一月に足利義満が祇園社に神馬を奉納したときには、祇園社はただちにその馬を京都高倉《たかくら》の博労《ばくろう》（伯楽）に売却しているし（「社家記録」応安五年一一月二四、三〇日条）、一三四三年（康永《こうえい》二）にも五条室町の矢部殿なる人物が数度にわたって祇園社から馬を買い取ったり、売却の斡旋《あっせん》をしたりしている（同、康永二年七月二四日、一二月二一日条）。矢部殿自身は「殿」という敬称からして博労ではなく、仲介者とみられるが、五条室町という土地自体は中世京都における馬取引の中心地であった。

当時、京都の博労は石清水八幡宮に所属する駒形神人《こまがたじにん》の支配下にあったが（豊田武《とよだたけし》『増訂中世日本商業史の研究』）、博労たちが駒形神人を介して石清水八幡宮と結びついていたことは、京都における馬の流通構造を考えるうえでも示唆的である。というのも、石清水八幡宮は軍神として広く武家の崇敬を集めていた神社であり、神馬集積の一大センターであったことが確実だからである。一四一七年（応永二四）一二月の五代将軍足利義量元服のさいには、公家・武家から祝儀として太刀三六〇余振、馬一〇〇余匹が義量に贈られたが、それらはすべて石清水八幡宮に奉納されている（『看聞日記』応永二四年一二月六日条）。

駒形神人による博労支配の背景には、このような奉納（贈与）によって石清水八幡宮に集積された神馬が、駒形神人を通じて博労たちに払い下げられ、商品市場に放出されるという流通構造が存在していたと考えられる。一五八三年（天正《てんしょう》一一）に駒形神人の中井《なかい》勘介《かんすけ》入道が豊臣政権から伯楽座《ばくろうざ》問屋料《といやりょう》を安堵されている事実（「天正十一年折紙跡書」）もこの推測を支持していよう。その点で「布施された馬は結局は市場に放出され、一般の人々が馬を入手する機会を促進したとも考えられる」とした盛本昌広の推定は正しいだろうし（盛本前掲書）、義量元服の例から類推して太刀についても馬と同様の流通構造を想定できるのではなかろうか。そして、それらの馬や太刀の少なからぬ部分が武家や公家に売却され、ふたたび贈答用として社交界、すなわち贈与経済の領域に還流したはずである。

近世になると献残屋《けんざんや》とよばれる贈答品専門の買取業者・リサイクルショップが出現するが

（小野清《おのきよし》『史料徳川幕府の制度』、安藤優一郎《あんどうゆういちろう》『徳川将軍家の演出力』ほか）、このような専門化した買取業者がすでに成立していたかどうかはともかく、中世にも贈答品を恒常的に買い取る商人が存在したことは疑いない。商人が武家・公家・僧侶などの支配階級から贈答品を買い取り、それらをふたたび支配階級に贈答用として還流させることで、贈与経済と商品経済のあいだにひとつの循環構造が形成されていたわけである。

ところで、贈答品市場には、以上のような商人が介在するもののほかに、商人がかならずしも介在しないものもあった。寺社などによって開催されたオークションがそれである。一四二九年（永享元）九月に将軍足利義教が南都を訪れたさい、南都の諸寺は先例にしたがって義教に引物《ひきもの》（引出物）を贈ったが、義教は贈られた引物のすべてを興福寺の僧坊造営のために寄進した。室町将軍が寺社への御成《おなり》のさい、贈られた引物を当該寺社に寄進（返却）する行為はしばしばみられたことだが、義教によるこの寄進もその一環である。これは将軍が気前のよさを示すためにおこなったデモンストレーションと解釈されることが多いが（金子《かねこ》拓《ひらく》『中世武家政権と政治秩序』）、後述するように、これを室町幕府の財政的行為とみれば、みずからの懐をまったく痛めずに財政支出をおこなった体裁がとれる巧妙な方法でもあった。

さて、ここでの関心はこのとき興福寺に寄進された引物がその後どうなったかだが、その答が『満済准后日記《まんさいじゅごうにっき》』同年一一月一二日条にある。そこには、引物のひとつである腹巻《はらまき》

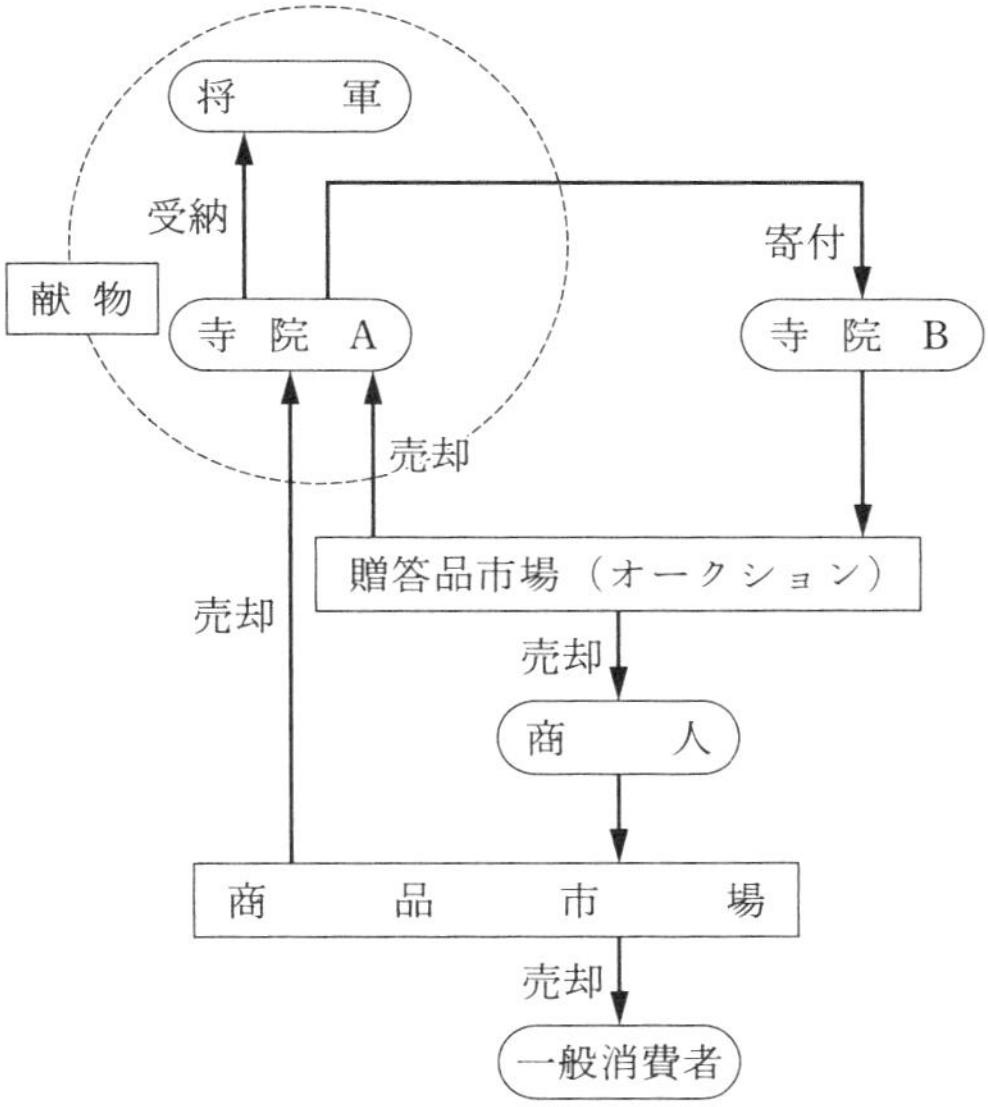

贈答品市場の構造

（鎧《よろい》）を記主の三宝院《さんぽういん》満済が八五〇〇疋（八五貫文）で興福寺から購入し、周防《すおう》の大名大内盛《おおうちもり》見《み》に贈ったと記されているのである。この記事から、引物の寄進をうけた興福寺がそれらを僧坊造営費に充てるため、第三者に売却・換金していた事実が判明するのだが、おそらくこのような引物の一括寄進がおこなわれると、それらを売却・換金するためのオークションが開かれ、満済もそのようなオークションの場でこの腹巻を競《せ》り落としたのだろう（桜井「「御物」の経済」）。僧侶に腹巻とはいかにも不似合いだが、満済は当初から大内氏への贈り物にするつもりでこの腹巻を入手したと考えればよい。その意味で、このオークションはいったん役割を終えた贈答品をふたたび新たな贈与の環に還流させる贈答品市場としての機能をはたしていたのである。

もちろん、このオークションから商人が完全に排除されていたと考えるべき理由はないから、その一部は商人に売却されて一般の商品市場にも流出していたとみたほうがよい。だが、そうであればなおさらこのオークションは支配階級にとって財力と鑑賞眼を試される正念場となったはずである。彼らは名品を獲得すべく全力を注いだであろうし、逆にいえば、名品とはそのような凌《しの》ぎのなかで発見され、生みだされてゆくものだったともいえよう。

贈答品の流用

贈答品が受贈者の手を離れるもうひとつの契機としては、贈答品への再利用があった。要するに、手もとに来た贈答品をそのまま別人への贈与に充てるということだが、このような贈答品の流用も当時ごく普通にみられたことである。なかでも流用の実態がよくわかるのが本願寺証如の日記『天文日記』である。筆まめな証如が贈答品の来歴をこまめに記録していたためだが、そのなかからまたいくつか事例を紹介してみよう（石田晴男「『天文日記』の音信・贈答・儀礼からみた社会秩序」）。

天文五年（一五三六）九月二〇日条には、証如が本願寺赦免の礼として一二代将軍足利義晴《よしはる》に贈り物を進上した記事がみえるが、そこには証如が進上した太刀・馬・銭三種のうち、太刀は新造であったものの、馬は加賀の洲崎《すざき》方から贈られたものを流用したと書かれている。また、証如の側近下間頼慶《しもつまらいけい》も証如とは別個に太刀と馬を進上したが、そのうちの馬は証如が遊佐氏から贈られたものをさらに頼慶に与えたものであった。証如は義晴の子息義藤（義輝）にも太刀と馬を進上しているが、ここでも太刀は尾張《おわり》の石橋彦三郎から、馬は森長門守《ながとのかみ》という人物から贈られたもので、じつに贈り物の大半が流用品によって占められていたのである。

天文二〇年（一五五二）正月二四日条には、自分が贈った贈り物がまわりまわってもどってきたという笑い話のような記事がみえる。証如が細川氏綱《うじつな》から年始の祝儀として折《おり》一〇合《ごう》（折とは曲物《まげもの》に入れた詰合せ）を受け取ったところ、そのうちの五合は、当の証如が一〇日ほど前に三好長慶《みよしながよし》に贈り届けたものだったというのである。証如は「呵々《かか》」と大笑いしているが、贈り物の流用が一般的であった時代であれば、このようなこともけっしてありえないことではない。

『天文日記』ほどまめではないにしても、中世の日記を繰っていれば、この手の記事の一つや二つにはたいてい出くわすものである。伏見宮貞成親王の日記『看聞日記』の八朔関係記事のなかにもそうした流用例がみえる。一四一六年（応永二三）八月五日には、御室永助法《おむろえいじょほっ》親王《しんのう》から贈られた牛を三条公雅《きんまさ》への八朔に流用しているし、三一年（永享三）八月四日には、足利義教から八朔の返礼として贈られた馬を立願《りゅうがん》のために石清水八幡宮に奉納している（この馬はその後博労の手に渡ったにちがいない）。また、三七年（永享九）八月一日にも一条兼良《かねよし》からの返礼の牛を花園《はなぞの》僧正に贈っているが、これは「去年の佳例」といわれているから、流用品であることは先方も先刻承知していたのだろう。なお、貞成の流用例に牛馬が多く、しかもほとんど日をおかずに手放しているのは、飼い葉の出費を避けたためとみられる。貞成ならずとも、牛馬は比較的早く手放されることが多く、当時の人びとにとってはあまりありがたくない贈り物だったようだ。

これらの例から類推するに、中世の贈答品には、たとえ明瞭《めいりょう》な記録を欠いているばあいでも、相当の流用品が紛れこんでいたとみてよいのではなかろうか。流用された贈答品は、売却されたばあいとは異なり、商品市場を経由することがない。まさに贈与経済内部で贈答品が循環する構造をとっているのである。これは、贈答品の供給という見地からいえば効率のよい方法であり、耐久性の低い食品は別としても、太刀などは半永久的にこの世界を流通することができる。このような品目のばあい、その主な供給源は贈答品それ自体にあり、それを補完するかたちで商品市場からの追加供給があったと考えたほうがよさそうである。

なお、贈与経済内部で半永久的にフローの状態に置かれた贈答品としては、ニューギニア・トロブリアンド諸島のクラ交換にみられた貝の首飾り（ソウラヴァ）と貝の腕輪（ムワリ）がよく知られている。それらと比較考察してみることも必要になってこようが、それはのちほどあらためておこなうとして、ここでは贈与と商業の関係についてもう少し検討を続けることにしよう。

贈与による商業の代替

贈与が商業とかかわりをもちうるもうひとつの局面は、贈答儀礼そのものが実用的な物資調達手段になっているケースである。

『天文日記』には、戦国武将たちが証如や本願寺教団に馬を所望し、それに応じるかたちで馬が贈られているケースが多数みられ、たとえば一五三六年（天文五）だけでも以下の六例を拾うことができる。

六月一四日に証如は河内国守護代の遊佐長教に馬を贈ったが、そのいきさつは次のようなものであった。遊佐は以前にも証如に馬を所望したことがあり、そのときは本願寺一家衆の興正寺が馬を贈ったが、遊佐はその馬を将軍足利義晴に進上してしまったため、ふたたび馬が払底した。そこで遊佐はもう一度興正寺を介して証如に馬を所望してきたのである。たまたま加賀の超勝寺《ちょうしょうじ》より贈られた馬を所持していた証如が、そのことを遊佐に伝えたところ、遊佐は人をよこして実見したのち、あらためて所望の意思を示したため、この日それを贈ったという。

七月一〇日には、証如が和泉《いずみ》国守護代の松浦守《まつらまもる》に使者を遣わしたところ、松浦が霍乱《かくらん》と称して使者との対面を拒む出来事があった。これについて証如は、「他の武将は馬を贈られたのに自分だけ贈ってもらえなかったことに腹を立てているのだろう」と推量しているが、じつはこれ以前、証如が松浦から馬を所望されたにもかかわらず、折悪しく適当な馬の持ち合わせがなかったために贈らなかったことがあったという。

九月五日には細川晴元の所望をうけて黒毛の馬を贈っており、一〇月一六日には証如の所持する葦《あし》毛《げ》の馬を求めて松浦守と近江国人朽木《くつき》晴綱《はるつな》が競合した結果、証如は早くから懇望していた松浦のほうにこれを贈り、朽木にはやや劣る別の葦毛を贈っている。また、閏一〇月二〇日には赤松村秀《むらひで》が「出陣の吉凶」と称して馬を内々所望してきたのをうけて月毛一頭を贈っており、一一月二四日にも山中蔵人《やまなかくらんど》が近江の本領に帰るための馬が必要だというので、松浦から贈られてきた葦毛を遣わしている。

幅広い交際相手をもつ本願寺には多くの贈答品が集まってくる。そこはさながら贈答品のターミナル駅といってもよかった。そのなかには当然馬も含まれていて、とくに良馬が贈られたときには、そのうわさは矢のような速さで畿内中を駆けぬけたのだろう。将軍をはじめ、戦国武将たちがあいついで証如に馬を所望してきた背景には、このようなすさまじい情報伝達の速さがあった。

証如が贈答に用いた馬は、右の諸例からもわかるようにほとんどが他から贈られてきたものである。したがって、証如の行為は典型的な贈答品の流用にあたるわけだが、ここではその流用品が戦国武将たちにとって馬の主要な供給源のひとつになっていた事実に注目したい。それは商品市場から調達するよりも、はるかに早く好みの馬に出会うチャンスを彼らに提供していたのである。もちろん、その背景には〝証如のもとに贈られてくる馬なら悪馬であるはずがない〟という信頼もあったことだろう。

贈与論的にみると、これらはいわゆる〈自発的な贈与〉ではなく、〈ねだり〉〈たかり〉に近い〈強制された贈与〉である。しかも遊佐長教のケースのように、事前に受贈者側による実見・品定めがおこなわれている事例があることも見のがせない。一五四一年（天文一〇）一〇月一日に将軍義晴の求めに応じて月毛一頭を贈ったときも、やはりこれに先立って義晴の使者による実見がおこなわれていた。その行為は、商取引で少しでもよい品物を手に入れようとする商売人たちのそれとどこが異なるだろうか。

馬を贈れば戦国武将からは礼状や返礼が来る。右の将軍義晴のケースでも、四日後の一〇月五日に返礼として太刀が贈られてきた。ただ、より興味深いのは馬を贈った返礼として先方からも馬が贈られているケースである。一五三六年一〇月に松浦と朽木の二人に葦毛の馬を贈ったときには、朽木からは栗毛の馬が、一方の松浦からも葦毛の馬（証如が一一月二四日に山中蔵人に贈った馬がこれにあたるとみられる）が届いた。前者は毛色が違うけれども、後者は葦毛どうしの交換である。つまり松浦は葦毛一頭を手放して、葦毛一頭を手に入れたことになるのだ。これをどう解釈すればよいだろうか。ここにはいわゆる対称的返済、同類交換の原理がはからずしてあらわれているわけだが、松浦は同類交換のなかにもなおかつ存在したであろう優劣に期待していたのだろうか。それとも同じ葦毛の馬でも証如から贈られた馬には、まさに証如の手を経たという経歴によってプレミアがついたのだろうか。

一方、一五四一年九月四日に豊前《ぶぜん》の杉美作《すぎみまさか》入道宗珊《そうさん》が馬を手に入れたときには、あらかじめ証如に虎皮一枚と毛氈《もうせん》一枚を贈ってきたうえで、その返礼として馬を要求している。証如は同月一七日にこれに応えて太刀一腰と鹿毛《かげ》一頭を杉に贈っているが、これは「返礼の義務」を刺激することで馬の贈与が強制されたケースである。

ただ全体的にみると、証如から馬を贈られた戦国武将の対応としては、とくに返礼はなく、礼状だけを送ってきているケースが多い。証如と各武将間のバランスシートの全容をみないことには断定しかねるところもあるが、馬の贈答部分だけを切り取ってみれば、多くは証如側の一方的贈与に終わっているのである。武将たちにしてみれば、対価を支払わずに済むからこそ、贈与に頼るうま味があったのだともいえようが、逆に対価を支払ったばあい、贈与と売買との境界はひじょうに曖昧なものにならざるをえないだろう。その行為が売買と区別されるのは、対価が代金でなく、太刀や馬、虎皮などによって支払われたからであり、その一線によって、それはかろうじて贈与の領域にふみとどまったのである。

だが、後述するように中世日本では銭自体もれっきとした贈答品になりえたのであり、かりにこの返礼が銭によってなされていたとしたら、私たちにこれを売買と区別するすべがあっただろうか。贈与経済は極限まで進むと市場経済ときわめて近いものになることをこの事例は教えてくれる。両者の違いはまさに紙一重なのだ。武将の多くが礼状をよこすだけにとどめたのは、この境界領域に近づかないための工夫ではなかったかとさえ思われてくる。

贈与と日明貿易

『天文日記』には、馬以外にも贈答儀礼が実用的な物資調達手段になっていたケースがみられる。たとえば周防の戦国大名で終末期の日明貿易を事実上独占していた大内義隆《よしたか》は、輸出品のひとつであるメノウを証如からの贈与によって調達していた。

一五三六年（天文五）一二月二四日、大内義隆は書状に緞子《どんす》一段を添えて、「メノウが輸出用に必要なので、もし所持されていたら所望したい。そちらになければ、加賀国にあるのを取り寄せてほしい」と証如に要請してきた。三九年にはじまる第一八次遣明船に向けた準備と思われる。このとき義隆の使者は、加賀国の産地は那谷《なた》観音堂の下だとも語っているが、那谷観音堂とは現小松市那谷町の真言宗寺院那谷寺のことで、現在も境内には奇岩をくりぬいた岩屋に観音堂（本殿）が立つ。大内氏が詳細な産地情報をつかんでいたことが注目されよう。そしてそれを証如に依頼してきたのは、いうまでもなく当時の加賀国が本願寺門徒を主体とする加賀一向一揆《いっこういっき》の支配下にあったためである。

これにたいし、証如は同月二八日に義隆に返事を出し、「加賀国に働きかけて、私からそちらに贈るようにしよう。いまは雪の季節なのでどうかと思うが、とにかく任せてほしい」と回答した。証如は翌三七年三月一五日、北国が雪解けを迎えたころ、那谷寺のある加賀国江沼《えぬま》郡中に義隆からの要請を伝え、その結果、六月二七日に江沼郡中から証如のもとにメノウ五個がもたらされた。証如はそれから半年が過ぎた一二月一日に義隆にメノウを発送し、さらに一年後の三八年一二月三日に義隆から礼状と緞子三段が届けられている。

なお義隆は、四二年（天文一一）一二月二六日にも第一九次遣明船に向けて再度証如にメノウを求めてきたが、証如は、「那谷寺側は、メノウが「観音の深秘」であることを理由に提供を渋っており、前回も今回かぎりという約束でどうにか提供してもらった経緯もあるので、再度の依頼は困難だろう」としてこれを断っている。ここから加賀国那谷寺→証如、証如→大内義隆という二段階の贈与によってメノウが調達されていたことが明らかになるのである。

ところで、日明貿易の輸出品を贈答儀礼によって確保するという方法には、じつは先例があった。一五世紀の日明貿易では扇子が主要な輸出品のひとつだったが、その扇子は、室町将軍が年頭に京都の禅宗寺院を歴訪する、いわゆる年始御成のさいに、寺院から将軍に献上される引物（引出物）のかたちで調達されていたのである（桜井「「御物」の経済」）。

一四六八年（応仁二）の遣明船に関する記録である『戊子入明記《ぼしにゅうみんき》』によれば、応仁度遣明船は「進物」（進貢物《しんこうぶつ》＝明皇帝への貢ぎ物）として「皆彫骨扇子《みなえりぼね》」一〇〇本、「公方様御商売物分」（附搭物《ふとうぶつ》＝将軍の公貿易品）として「三百文扇子」三〇〇本と「弐百文扇子」八〇本を明に持ちこんだが、このうちの「皆彫骨扇子」と「三百文扇子」が京都の禅宗寺院より年始御成引物として献上されたものであった。ちなみに「弐百文扇子」だけは「代物をもってこれを折る」という同記の記述から購入（誂え）によって調達されていたことがわかる。輸出用の扇子は「遣唐扇子」「唐扇子」ともよばれ、国内向けの扇子とは区別されていた。日・明それぞれの嗜好《しこう》に応じて絵柄も描き分けられていたのである。

次に具体的な調達方法だが、通常、年始御成の引物は扇子二〇本と高檀紙《たかだんし》一〇帖の組合せからなっていた。年中行事的な贈答儀礼の多くがそうであったように、品目・数量ともに固定されていたのである。それが、遣明船派遣の年が近づくと、幕府は通常の扇子二〇本に代えて遣唐扇子一〇本を献上するよう禅宗寺院側に指示し、その結果、遣唐扇子一〇本と高檀紙一〇帖の組合せに変更される。そして予定のノルマに達すると、もとの扇子二〇本と高檀紙一〇帖の組合せにもどされるのである。

応仁度遣明船のばあい、その調達は一四五八年（長禄二）正月にはすでに開始されており、かなり早くから計画的におこなわれていたことがわかるが、これは年間調達数が将軍の年始御成回数に規定されて無制限に増やせなかったことによる。調達の実態が具体的にわかるのが相国寺蔭涼軒《しょうこくじいんりょうけん》の公務日誌『蔭涼軒日録』の一四五九年正月から二月にかけての記事である。将軍足利義政の年始御成は、正月一八日の蔭涼軒、一九日の相国寺方丈、二〇日の普広院《ふこういん》、二四日の等持寺《とうじじ》、二八日の龍雲寺《りょううんじ》と続き、そのさいの引物はいずれも遣唐扇子一〇本と高檀紙一〇帖の組合せであった。ところが二月六日の雲頂院《うんちょういん》御成からは扇子二〇本と高檀紙一〇帖の組合せにもどされている。その理由は「大唐に遣わさるるの分、その数満つるなり」という記主季瓊真蘂《きけいしんずい》の説明に尽きるだろう。

以上のように、戦国武将にとっての馬や、日明貿易の輸出品など、軍事・外交・財政上の重要物資が、貢納経済や市場経済でなく、贈与経済のメカニズムによって調達されていた事実は注目に値しよう。

では、贈与経済のメカニズムを利用することにはどのような利点があったのだろうか。応仁度に禅宗寺院が供出した輸出品としては、扇子のほかにメノウと硯《すずり》があったが、いずれもたんに献上が命じられただけで、調達方法にもこれといった工夫はみられなかった。そのなかで扇子だけがなぜ年始御成という儀礼の場を介して調達されたのかといえば、もっともはっきりした理由は、年始御成引物の品目にたまたま扇子が含まれていたということであろう。もともと扇子を入手する機会があるのだから、それを輸出用扇子の調達に利用しない手はない、とは当時の幕府財政当局者のいかにも考えそうなことである。だが、おそらくそれだけではない。たとえば硯の調達実績をみると、順調に数をそろえられた扇子とは対照的に、当初予定していた五〇〇面《めん》を大きく割りこみ、結果的に調達できたのはわずか一八〇面にとどまった。そして、そこにこそ贈答儀礼の機会を利用したか、しなかったかの違いが明瞭にあらわれていると考えるべきなのである。

年始御成は、各禅宗寺院が将軍をじきじきに迎えるハレの儀式であり、出迎えから、もてなし、見送りにいたるまで、少しの粗相も許されない厳格な作法に貫かれていた。とすれば、そのすべてを完璧《かんぺき》にこなしながら、引物の献上だけを怠ってしまうなどということがはたして考えられるだろうか。幕府財政当局者は儀礼が行為者におよぼす暗黙の強制力というものを熟知していたのであり、それを利用したところに、この調達方法のしたたかな戦略があったといえよう。

贈与と財政

室町将軍が禅宗寺院に御成するのは年始だけではなかった。彼らは年始御成後も、ほぼ年間を通じて京中の禅宗寺院への御成をくり返したのである。この通年の御成を年始御成にたいして寺家《じけ》御成と称したが、じつはそこにも年始御成と同様、財政的な意義が含まれていた。

室町幕府の税・財源には、有徳銭に起源をもつ土倉役・酒屋役や、トブラヒに起源をもつ守護出銭のように、当初から贈与原理を媒介として成立していたものもあったが、一五世紀半ば以降、幕府財政が悪化すると、それまで財源視していなかった贈答儀礼も積極的に財源として取りこんでゆくようになった。このような財政体質を私は「贈与依存型財政」とよんでいるが、財政悪化の最大の原因は、一四四一年（嘉吉元）九月に幕府が発布した、いわゆる嘉吉の徳政令にあった。債務者たちに借書《しゃくしょ》の破棄や質物の無償とりもどしを認めたこの法は、京都の金融業者である土倉・酒屋に大きな打撃を与えただけでなく、土倉役を主要な財源としていた幕府自身をも深刻な財政難に陥れてしまった。幕府財政当局者がそういう事態を事前に予測できていたかどうかは不明だが、結果的に幕府は嘉吉の徳政令を出したことで自分の首を絞めてしまったのである。しかも同年六月の嘉吉の変で専制的な六代将軍足利義教が暗殺されたあと、将軍職を継いだ嫡子義勝《よしかつ》はまだ八歳の少年であり、そのことも幕府の徴税能力を低下させる一因となった。

以上のような理由から、嘉吉の徳政令の影響は一時的なものにはとどまらずに、幕府はこれ以後慢性的な財政難に陥ってゆく。その財政難のもとで幕府は、たとえば徳政令の適用を有料化した分一銭《ぶいちせん》のような、さまざまな錬金術を試みるのだが、私が「贈与依存型財政」とよぶ財政体質もそうした試行錯誤の末にたどりついたものであった。ここではそのひとつである「献物《けんもつ》」のシステムを例に、彼らの発想に迫ってみよう。

献物とは、将軍が禅宗寺院に御成したさいに寺院から献上される引物のことで、「寺家御成引物」「寺家進物」「寺院進物」などともいった。すでに明らかなとおり、年始御成のさいに献上された扇子もここに含まれる。幕府の献物による収入は年間二〇〇〇貫文（約二億円）にのぼったとする推計もあるように（今谷明《いまたにあきら》『室町幕府解体過程の研究』）、財政難にあえぐ幕府にとってこの収入はけっして馬鹿にならないものであった。その用途は、『蔭涼軒日録』に「当寺廃壊に及ぶ。しかして今旧例をもって寺家御成引物を寄せられ、修復あるべしと云々《うんぬん》」（長禄二年〔一四五八〕正月二九日条）、「廃壊に依《よ》り、公方より寺家進物をもって当軒に寄せられ、修理せらるるなり」（同年一〇月二一日条）などとあるように、主に寺院の修理費に充てられたが、献物に関して何よりも注目すべきなのは、その運用方法である。

将軍が寺院に御成すると、住持は頃合いをみて将軍に献物を献上する。ところが将軍は、それらを実際に受納することはなく、ただちに修理の必要な寺院に寄進してしまうのである。たとえば将軍がA寺に御成したとしよう。A寺からは将軍にたいして献物が献上されるが、将軍は差し出されるやいなやそれらを修理の必要なX寺に寄進するよう随行した側近に命じるのである。一方、寄進をうけたX寺はA寺にたいしてではなく、将軍にたいして請取状を提出した。将軍の手もとに献物がとどまっている時間はほんの一瞬であるにもかかわらず、修理費はあくまでも将軍が支出したものとみなされたのである。

次に請取状の額面だが、実際に寄進されるのは現金ではなく、小袖《こそで》や高檀紙といった現物である。ところが、X寺が将軍に提出する請取状にはそれらの銭建て評価額が記載された。つまり、実際には物納であっても、帳簿上はあたかも現金を受け取ったかのように処理されたのである。

なお、将軍が修理の必要な当の寺院に御成することもありえたわけだが、そのばあいは献上された献物はその場で返却された。当の寺院にしてみれば、いったん出ていった物がたんにもどってきただけの話だが、これもまた将軍の寄進行為とみなされたのである。前に足利義教が興福寺からの引物を返却した事例について紹介したが、盛大な臨時の御成か、小規模な恒例の御成かの差はあるものの、どちらも構図自体は同じである。

献物が錬金術たるゆえんは明らかだろう。ここでは、幕府の倉からは一銭たりとも持ち出されていない。将軍は目の前に差し出された品をただ右から左に動かすだけで官寺修理費の支出という国家的機能を全うすることができたのである。贈り物の流れからいえば、これは前述した贈答品の流用にほかならないわけだが、献物のシステムとは、この贈答品の流用という行為をそのまま財政的行為として読み替えたものだといえよう。

一方、献物の寄進をうけた寺院が、その献物をどうするかといえば、これもすでに述べたとおり、商人に売却して商品市場に放出するか、オークションを開いて有力者に買い取ってもらうか、いずれにせよ売却・換金することが不可欠となる。幕府の財政的行為においても贈答品市場の存在がすでに前提とされていたわけである。

献物をどの寺院に寄進するかは、将軍の気分次第というわけではなく、あらかじめ修理の必要な寺院がリストアップされていて、優先順位にもとづいた計画的な分配がなされていた。たとえば今年のA寺からC寺までの献物はX寺にまわし、D寺以降の献物はY寺にまわすというようなことが事前に決められていたのである。

贈与のルーティン化と計算可能性

このような計画が可能であったのも、献物の品目・数量が固定していたからにほかならない。年始御成なら、すでに触れたように扇子二〇本と高檀紙一〇帖（遣明船派遣時には遣唐扇子一〇本と高檀紙一〇帖）の組合せであったし、それ以後の寺家御成なら、小袖三重、盆一枚、緞子一段、高檀紙・杉原紙《すぎはらがみ》各一〇帖と相場が決まっていた。そしてこれらは、小袖三重が六〜九貫文、盆一枚が一〇〜一三貫文、緞子一段が三〜三貫七〇〇文、高檀紙一〇帖が一貫五〇〇文、杉原紙一〇帖が五〇〇文、総額二一〜二七貫七〇〇文相当の銭に換算されたのである（今谷前掲書）。このように贈与がルーティン化した段階においては、どこに何回足を運べばどれだけの収入が得られるかという計算が可能になり、見積り・予算化が容易になる。輸出用扇子の調達が順調にいったのも、この性質を利用できたからである。

同様に、寺院の修理費があといくら不足しているから、あと何回御成を増やせばよいという計算も可能になった。とくに八代将軍義政は恐るべき頻度で禅宗寺院への御成をくり返したが、これは信心深さによるのではなく、明らかに集金活動であった。義政は「もし必要とあれば毎日御成してもいい」と周囲に漏らしていたことが知られるが（『蔭凉軒日録』長禄二年〔一四五八〕閏正月二八日条）、まさに貧しき幕府を抱えた首長の健気《けなげ》さ、涙ぐましい努力というべきだろう。

一五世紀中葉という時代は幕府が財政的にも相当傾いていた時代だったが、新しい経済や財政のシステムというものは、まさにこのような苦境のなかでこそ発達するものなのだろう。その意味では、たとえ姑息《こそく》にみえても、これらは彼らの叡智《えいち》の結晶にほかならない。ただ結果的には、幕府の政治的な求心力の低下と、それにともなう財政悪化はいかんともしがたく、一四六〇年代に入ると将軍家はついにその厖大な美術品コレクション「将軍家御物《ごもつ》」を本格的に切り崩しはじめる。このように幕府が支払いに充てるために放出した「将軍家御物」を当時「売物《うりもの》」といった。「売物」による支払方法には、幕府がみずからオークションを開いて希望者に買い取らせ、そこで得た現金で支払う方法と、献物と同様、そのまま物納し、換金は支払先に委《ゆだ》ねてしまう方法とがあったが、より一般的であったのは手間のかからない後者であり、たとえば一四六五年（寛正《かんしょう》六）六月の義教二十五年忌仏事料三〇〇貫文は絵軸と打刀《うちがたな》で、同年八月の義政生母日野《ひの》重子《しげこ》三回忌仏事料一〇〇貫文は太刀一振《ふり》で、一四六六年（文正元）四月の足利基氏《もとうじ》百回忌仏事料三〇貫文と同年六月の慶雲院卵塔《けいうんいんらんとう》・桟敷《さじき》造営料一一四貫七一五文は盆三枚でそれぞれ支払われている。前者はとくに名品を放出するとか、希望者があったときなどにとられる例外的な方法だったのではあるまいか。

なお、献物にせよ、売物にせよ、物納をおこなうには、それぞれの品にどのくらいの値打ちがあるのかがあらかじめ把握されていなければならないわけだが、その任にあたったのが唐物に精通した禅僧や、僧形《そうぎょう》で将軍のそば近くに仕えた同朋衆《どうぼうしゅう》とよばれる人びとであった。同朋衆には時宗《じしゅう》の徒が多く、阿弥《あみ》号をもつのが特徴である。三阿弥と総称された能阿弥《のうあみ》・芸《げい》阿弥《あみ》・相阿弥《そうあみ》の三代はとくに有名だが、彼らは文学・美術・芸能など、文化のさまざまな方面に足跡を残すとともに、唐物を中心とする「将軍家御物」の管理や美術品鑑定にもあたっていた。そして、献物や売物の実施にも、彼らの鑑識眼が大いに生かされたのである。美術品鑑定、目利きの技能が、純粋なディレッタンティズムとして存在しえた時代がそうそうあったとは思えないが、少なくとも室町時代のそれは、財政と直結した、すぐれて実務的な技能として発達したものだったといえよう。

2 贈与と信用

貨幣の贈与と用脚折紙

後小松上皇が貞成親王の要望に応えて金の香箱を贈ったとき、そこに期待されていたのは使用価値ではなく、交換価値だったという話を前にしたが、同じことが献物や売物にもそっくりそのままあてはまることに気づくだろう。もちろんそのなかには、当初は鑑賞という使用価値を目的として贈られ、あるいは集積されながら、幕府の財政悪化にともなって交換価値に重点が移っていった物品も少なくなかったであろう。ただ、対称的返済、同類交換の原理が優越していた日本の贈与においては、財政や家計の状態にかかわりなく、つねに贈答品の交換価値に人びとの強い関心が向けられていたこともたしかだ。たとえば証如などは、

「香合《こうごう》散々の物、百足の内」「盃《さかずき》堆紅漆《ついこうるし》、三百足ばかり、古《いにしえ》は五、六百足」「一腰国宗《くにむね》ニセモノ、代七貫余りか」等々、相手から贈られてきた品をいちいち値ぶみして日記に書きとめているが、これらの情報は返礼品を選ぶさいの重要な判断材料となった。

ところで、贈り物の使用価値が重視されないのであれば、もはや現物で贈与をおこなう必要はなく、純粋に交換価値だけを運ぶ物品を贈りあえばよいということにもなる。ここに、交換価値の伝達を唯一の機能とし、それ以外の使用価値をいっさい脱ぎ捨てた物品、すなわち貨幣による贈与がはじまる必然性があった。

現金が平気で贈答されることについては、今日の日本の特殊性としてもしばしば指摘されるところだが（モーズバッハ「西欧人からみた日本人の贈答風俗」ほか）、中世後期の日本もまた銭を贈答に用いることにまったく抵抗を示さなかった社会である。もともとトブラヒのような貨幣（米や絹布を含む）を贈与する慣習が定着していたことに加え、物を贈りあうときでさえ交換価値が重視されていたわけだから、物から銭への移行自体はかならずしも大きな跳躍であったとはいえない。

銭は馬代・太刀代など、現物の代替として贈与されたほか、銭それ自体としてもれっきとした贈答品として通用した。交換価値を贈与しあうという点では、当時の人びとにとって現物も銭も変わりはなかったわけだが、ただ、現物で贈ることと、銭で贈ることとがまったく等価と認識されていたかといえば、さすがにそうではなかったようだ。大乗院尋尊が足利義政への抗議から、八朔の進物の練貫《ねりぬき》を現物から練貫代に切り替えた例を思い出してもらえば、やはり現物は厚礼、銭は薄礼という意識は存在したと思われるからである。

贈り物に貨幣でなく、物を贈ることには「私は、あなたがお好きだと思われるものを何かさしあげようとして、多少骨をおってみました」というメッセージが込められているといわれるが（ボールディング『愛と恐怖の経済』）、日本の贈与にはそのような側面は概して希薄だったとはいえ、たしかに銭の贈与は現物調達の手間を省いている分だけ、薄礼とみなされたとしても不思議はない。ただその一方で、現物、とくに馬などは前述のように処分が厄介であったため、受贈者側の要望によって現物から銭に変更されている例もあり、贈与者・受贈者いずれの立場においても、銭が選好される傾向があったといえよう。

銭は現物の贈り物がもっていた個性、たとえば馬であれば毛色や模様、太刀であれば銘などがそれにあたるが、そのような個性をいっさいもたないかわりに、他の追随を許さない高い価値尺度機能をそなえていた。銭という共通の物品が用いられたことによって贈り物の値打ちはガラス張りとなり、その結果さまざまな計算上の操作が入りこむ余地が生まれてきたことは新たな事態といってよい。

ところで贈り物を持参するさいに折紙（目録）を添える作法があったことについては前述

したが、それは銭の贈答のばあいにも同様であった。贈り物一般に添える折紙を「進物折紙」、銭に添える折紙を「用脚《ようきゃく》折紙」とか「鳥目《ちょうもく》折紙」などとよんだが（「用脚」「鳥目」はいずれも銭の異称）、もともと儀礼の道具にすぎなかったこれらの折紙が銭の贈答をめぐる計算上の操作に利用されたのは、当初はまったくの偶然だったのかもしれない。

折紙の書式

今日でも結納や記念品の贈呈など、ハレの贈り物のさいには目録が添えられるが、中世の折紙の書式も現行の目録と大差はない。たとえば一般の進物折紙のばあいには、

進上
御太刀　一腰
御馬　一疋
以上
名字官
名乗

といった書式になるが、現行の目録もだいたいこんなものだろう。一方、用脚折紙は品目を書かずに済む分だけさらに簡略になる。（「和簡礼経《わかんれいきょう》」）

進上
五百疋
賢長

（『大日本古文書家わけ第十九　醍醐寺文書別集　満済准后日記紙背文書《しはいもんじょ》之一』一四号）

こちらもはじめに「進上」と書くのは同じだが、品目（銭）は書かず、金額だけを、それも「疋」単位で記すところに特徴がある。一疋とは一〇文のことであり、したがって五〇〇疋は五貫文である。金額のあとには「以上」も日付も充所《あてどころ》もなく、ただ贈与者の署名（「賢長」）があるのみである。花押をすえることもしない。

これだけでも十分簡略といえようが、じつはこれでもまだ手が込んでいるほうなのである。まず、「進上」と書くのは下位者から上位者への贈与にかぎられ、対等の者どうしや、逆に上位者から下位者への贈与のばあいには当然のことながら省かれる。さらに贈与者の署名も必須《ひっす》ではなかったようで、たとえば『建内記』永享一二年（一四四〇）二月二三日条には「千疋、先日面々群集の間《あいだ》、名字を載すと云々。今日錯乱すべからず。よって名を書くに及ぶべからざるの由、中山これを示す」とある。大勢の参賀者が押しかけたときには誰が贈った折紙か混乱するので名前を書かねばならないが、今日折紙を贈るのは一人だから名前を書く必要はないというわけだ。ここから復原しうるもっとも簡略な折紙の書式とは、

千疋

のように、料紙の中央にただ金額が書かれただけの文書ということになる。もちろんこれではあとあと整理がつかなくなるから、受贈者側でそれがいつ誰によって贈られたものか、折紙の余白にメモしておくなり、別の台帳に記録しておくなり、何らかの整理はおこなわれていたはずであるが。

なお「疋」というのは、もともと絹の長さの単位だったものがのちに銭の単位に転用されたもので、これはかつて絹が貨幣として用いられていた時代の名残である。一二世紀から一三世紀にかけて絹の貨幣機能が銭に奪われてゆくにしたがって、「疋」という単位も絹から銭に引き継がれたのだが、注目されるのは、贈答のような儀礼的な場面では「文」や「貫文」でなく、「疋」を使うのが一般的だったことである。「疋」はまさに儀礼用単位に特化したわけだが、これもまた、かつて絹が禄《ろく》として用いられていた名残なのかもしれない。

ただ、用脚折紙自体の出現は遅く、いまのところ一三九四年(応永元)の「日吉社室町殿御社参記」に「折紙三千貫文」とみえるのが初見である。このときの折紙の実物が残っているわけではないので断言はできないが、この時点ではまだ折紙に「疋」を用いる慣習は定着していなかった可能性が高い。それが定着するのは一四〇八年(応永一五)に足利義満が没し、名実ともに義持の治世に入ってからではないかと推定される。義持の時代はちょうど室町幕府の諸儀礼が確立する時期にあたり(酒井《さかい》信彦《のぶひこ》「「諸礼」の成立と起源」、金子前掲書)、その一環として折紙をめぐる儀礼も整備されていったのではなかろうか。制度化はワンマンが去ったときに進むのだろう。

用脚折紙にかぎらず、進物折紙もいつごろから使われはじめたのか、じつはあまりはっきりしないのだが、当時の日記などからみるかぎり、これも応永年間をさほどさかのぼることはないように思われる。

折紙の使い方

当時は銭を贈るといっても、いきなり現金を贈ることはせず、たいていはまず金額を記した折紙を先方に贈り、現金はあとから届けるのが普通であった（桜井「折紙銭と十五世紀の贈与経済」）。たとえば『師郷記《もろさとき》』永享一一年（一四三九）八月二七日条に「千疋折帋御持参。即時に進《まい》らせらると云々」という記事がある。将軍足利義教が参内したときに一〇〇〇疋（一〇貫文）の折紙を持参し、現金も「即時」に届けたという内容だが、それがごく普通のことならばわざわざ日記に書きとめたりはしない。「即時」に届けられることがむしろめずらしかったからこそ、書きとめられたと考えるべきだろう。

次に現金が引き渡されたあと折紙がどうなるかだが、結論をいえば、それらは清算が済んだ証《あか》しとして受贈者から贈与者に返却されたのである。ただし返却の方法はいくつかあった。

まずもっとも簡略な方法が、折紙の金額部分に合点《がってん》（「﹂」）を付して返却するというものである。たとえば『北野社家日記《きたのしやけにっき》』長享《ちょうきょう》二年（一四八八）一〇月一一日条に「徳岩庵《とくがんあん》へ遣わす折帋、同じく点を懸け、今日来たるなり」という記事がある。同記の記主である北野社僧松梅院禅予《しょうばいいんぜんよ》は三日前の一〇月八日に徳岩庵を訪れたさい、一〇〇〇疋の折紙を持参したが、この日清算を済ませたので、徳岩庵から点を懸けた、つまり合点を付した折紙が返却されたというのである。

返却手続きとしてはこれだけでも十分であったが、より手の込んだ方法として、「裏封《うらふう》」といって折紙の裏面に請取文言《うけとりもんごん》を記載して返却する方法もあった。『親元日記《ちかもとにっき》』文明一三年（一四八一）五月一四日条によれば、この日、出雲《いずも》・隠岐《おき》守護京極政経《まさつね》から室町幕府政所《まんどころ》執事《しつじ》伊勢貞宗《さだむね》に年始の礼として太刀と一〇〇〇疋の折紙が届けられた。このうち一〇〇〇疋の折紙は九日後の五月二三日に清算され、それをうけて折紙が京極に返却されたが、そのさいには「合点し、裏を封じてこれを遣わす」という手続きがとられている。

裏を封じた折紙の実物は残念ながら確認されていないが、日記や故実書類《こじつしょ》からだいたいの書式は知れる。たとえば『蔭凉軒日録』延徳《えんとく》元年（一四八九）一一月二八日条に「善応寺《ぜんのうじ》進上の折帋の裏、延徳元十一月廿四日これを納む、蔭凉判、かくのごとく書きてもって折帋を契《けい》庵主に渡す」とある。善応寺の契庵主から蔭凉軒主亀泉集証《きせんしゆうしょう》に贈られた折紙が清算されたのをうけて、集証が折紙の裏に「延徳元十一月廿四日これを納む、蔭凉（花押）」と書いて契庵主に返却したというのである。これによれば、日付と請取文言（「これを納む」）、署名、花押（「判」）が裏封の要素ということになる。このほか、折紙とは別紙に請取状をしたためている例もあるが、そのばあいにも折紙は贈与者に返却されたと考えるのが自然だろう。

ところで、銭の贈答に折紙を用いるのは贈答上のたんなる儀礼にすぎなかったのだろうか。たしかに当初はそうであったかもしれない。実際、折紙の手交から清算までの期間がこれまでみてきたように数日から、せいぜい十数日程度にとどまっていたのなら儀礼の範疇でとらえることもまだ可能だろう。ところが、それが数ヶ月から一年、さらには数年にもおよんだとなると話は別である。

『北野社家日記』明応《めいおう》元年（一四九二）一〇月一四日条には「山名《やまな》治部少輔《じぶのしょう》殿へ去年折帋仕《つかまつ》り、今日参百疋赤尾《あかお》方へこれを納む」という記事がある。禅予が去年山名豊時《とよとき》に贈った三〇〇疋の折紙をこの日清算したというのである。逆に禅予が待たされた例もある。同年一一月二九日には、禅予のもとに銭二貫文が届いたが、これは「去年妙法院《みょうほういん》の折帋料なり」とあり、去年、妙法院が禅予に贈った折紙の清算分であった（「折紙料」とは折紙の清算代金のことで「折紙銭」ともいった）。

いずれも、翌年の冬になってようやく前年の折紙が清算された例だが、用脚折紙にはこのように折紙の手交から清算までに一年を越えるものもけっしてめずらしくなかったのである。なかには伏見宮貞成親王のように、室町将軍にたいして二年分も折紙銭を滞納していたつわものもいる。

『看聞日記』永亨一〇年(一四三八)四月四日条をみよう。

公方御折紙、永亨八年より同九年に至って万千疋、今日正実《しょうじつ》に渡し了《おわ》んぬ。やがて披露し、請取これを出す。公方の御分、悉《ことごと》く進《まい》らせ了んぬ。上様の未進追って進らすべし。熱田《あつた》当年年貢を充て、正実に借用し畢《おわ》んぬ。

親王家と将軍家というトップクラスの贈答においても折紙銭の滞納が日常的にみられたことのわかる興味深い例だが、このとき貞成親王は永亨八年から九年までの二年分、金額にしてじつに一万一〇〇〇疋(一一〇貫文、約一一〇〇万円)ものツケをためていた。この日、幕府の出納を担当する公方御倉正実坊《くぼうおくらしょうじつぼう》にようやくこれを納め、請取状を出してもらっているが、清算の済んだのは「公方の御分」、すなわち足利義教充の折紙だけであって「上様」、すなわち義教の正室三条尹子《ただこ》充の折紙までは清算する余裕がなかった。そこで貞成は、伏見宮家領である尾張国熱田社領の年貢を担保に正実坊から借金をして何とか尹子充折紙の清算をはたしたのである。ここまでくると、折紙はもはや儀礼の域を越えて一種の約束手形に化しているというべきだろう。そこで次に折紙の経済的機能に注目してみることにする。

折紙の経済的機能

折紙のシステムが贈与者にもたらした第一の利点は、資金の準備がなくても贈与がおこなえるようになったことである。折紙を手に入れたことで、彼らは過去の贈与を未来の収入によって清算することが可能になった。

中世とは、年始から歳暮にいたるまで、一年を通じて際限なく贈答儀礼がくり返されていた時代である。そのなかには恒例行事化しているものもあれば、出産や新築、戦勝といった不時の祝い事もあった。そのように日々くり返される贈答儀礼のなかで、毎度所定の期日までに、あるいは不意に襲ってくる祝い事のたびに多額の銭を調達するというのは至難の業だったはずである。まして荘園・所領からの収入がおぼつかなくなっていた中世後期の皇族・貴族たちにとってはなおさらだろう。折紙のシステムは、そのような彼らに支払いの猶予期間を提供した。現金は用意できなくても、折紙を贈ることでとりあえずその場をしのげるようになったのである。

もちろん彼らの苦しい台所事情がこれによって根本的に改善されたわけではないが、それでもましになったとはいえるだろう。『北野社家日記』長享三年（一四八九）五月五日条に「今日吉井音信千疋、今度の礼として到来す。則ち上原豊州へ先度の折帋銭これを納む」という記事がある。禅予は、この日吉井という人物からたまたま贈られてきた一〇〇〇疋の礼銭で、すぐさま上原豊州という別の人物に贈った折紙を清算しているのだが、贈与によって贈与を贖《あがな》う綱渡り、自転車操業ながら、このような資金繰りを助けたのは、紛れもなく折紙のシステムであった。

折紙のシステムが贈与者にもたらした第二の利点は、いわゆる贈り損がなくなったことである。中世において贈与はしばしば嘱託《しょくたく》であり、賄賂であった。もし贈与したにもかかわらず、受贈者が期待に応えてくれなければ、贈与者にとっては贈り損になる。折紙のシステムは、贈与者をそのようなリスクから救済する効果ももたらしたのである。『北野社家日記』明応元年（一四九二）一〇月一一日条に次のような記事がある。

葉室《はむろ》殿御計会《けいかい》について、諸家折帋料納めらるべしと云々。但し、公事落居《らっきょ》なきにおいては申されざる由これ在り。

「葉室殿」とは、一〇代将軍足利義材《よしき》（のちの義稙《よしたね》）の側近でこの時期の幕政に大きな影響力を有していた貴族葉室光忠《みつただ》のことである。そのような立場上、光忠のもとにはいつも多くの付け届けがなされていた。贈与者たちは光忠に賄賂を贈り、便宜をはかってもらうことで、たとえば幕府法廷における訴訟を有利に運ぼうとしていたのである。ところが右の記事をみると、光忠に贈られた折紙のうち、かなりの部分が未清算であったことがわかる。

困窮（「計会」）した光忠はやむなく折紙の贈与者たちに支払いの督促をするのだが、注目されるのは「但し、公事落居なきにおいては申されざる由これ在り」という後半の一文である。「ただし裁判が決着していない件については請求しない」という意味だが、贈与者にとっては折紙の清算は勝訴判決と引き換えになされるべきものであり、そのことを十分承知していたからこそ、光忠もこのように譲歩せざるをえなかったのだろう。折紙の手交と清算が時間的に分離されたことで、贈与者は贈り損のリスクを免れたのにたいし、受贈者は贈与者のために奔走し、結果を出さなければ果実を得ることができなくなったのである。

同じような駆け引きは、神仏への贈与にさいしてもみられた。『北野社家日記』同年五月二七日条によれば、この日、禅予は不知行荘園の回復を祈願して歓喜天《かんぎてん》に一〇〇〇疋の折紙を供えたが、願文中に「彼《か》の庄、本意《ほい》の如《ごと》くたらば、即ち進納すべし」と付け加えることも忘れなかった。折紙の清算は祈願どおり荘園が回復したのちにおこないますというわけだが、これは明らかに神仏との取引である。折紙の普及は、神仏でさえ力のない者は受贈者の資格を剝奪《はくだつ》されることを意味した。折紙のシステムは、中世後期の困窮する貴族社会に飛躍的な贈与の合理化をもたらしたといえるだろう。

贈与の相殺

折紙を利用した計算上の操作として、もっとも典型的なのが贈与の相殺である。『北野社家日記』長享三年（一四八九）三月二四日条には、北野社領近江国建部《たけべ》荘の年貢一〇貫文が代官松田《まつだ》長秀《ながひで》から送られてきたという記事がみえるが、禅予が実際に受け取ったのは二貫文にすぎなかった。二貫文しか受け取っていないにもかかわらず、禅予は日記に一〇貫文送られてきたと記録したわけだが、差額の八貫文はどうなったのだろうか。

そこには以下のような事情があった。この前年、一四八八年（長享二）の一二月一九日に北野社は室町幕府から所領の安堵状を得た。建部荘代官の松田長秀はじつは室町幕府の奉行人でもあり、この安堵状の発給にもかかわっていたのである。荘園領主が幕府の奉行人を自領の代官に任じる例はよくみられるが、それは一言でいえば癒着であり、こういうときに尽力してもらうための投資であった。首尾よく安堵状を得た禅予は長秀への感謝のしるしとして五〇〇疋（五貫文）の礼銭を贈ったが、ただしそのとき贈ったのは折紙だけで、清算はまだ済んでいなかった。そこで禅予は、この日長秀から禅予に納入されることになっていた年貢から五貫文を控除することで、前年の折紙の清算をはたしたのである。

これが八貫文のうちの五貫文の正体だが、残りの三貫文も、直接相殺されたものではないものの、やはり贈答儀礼にかかわる支出であったことが判明する。これ以前、禅予の息子である春松丸が三貫文の折紙をたずさえて九代将軍足利義煕《よしひろ》（義尚《よしひさ》から改名）の側近結城尚豊《ゆうきひさとよ》を訪ねたことがあった。その代金は宗釣《そうちょう》という別の人物からの借金によって清算していたが、宗釣への返済がまだ残されていた。そこで、禅予は長秀に指示して建部荘の年貢のなかから三貫文を直接宗釣に届けさせたのである。こうして実際は二貫文しか届かなかったにもかかわらず、帳簿上は一〇貫文を受け取ったものとして処理された。差額の八貫文は、あたかもクレジットカードの引き落としのようにすべて過去の贈与の後始末に消えていったのである。

もうひとつ別の例をあげよう。大乗院尋尊は、一四五八年（長禄二）に室町幕府奉行人の飯尾為数《いのおためかず》から樽《たる》二〇個の製作を依頼された。尋尊が属する興福寺や大乗院には多くの職人が所属していたから、そこに期待しての注文だろう。尋尊はさっそく配下の桶結《おけゆい》一一人に命じてこれを製作し、一〇月四日に納品した。それにたいし、為数が代金の代わりとして尋尊に送ってきたのは、尋尊が同年七月二八日に将軍足利義政に贈った一〇〇〇疋の折紙であった（『大乗院寺社雑事記』長禄二年一〇月二四日条）。為数は未清算の将軍充折紙を尋尊に代わって清算することで、樽代の支払いに代えたのだろう。一種の振替がおこなわれたわけである。

これらの事例からわかるように、折紙のシステムによって贈答というすぐれて儀礼的な分野にも債権・債務関係と同様の操作が入りこんできた。とくに相殺という手段は、現金の移動がいっさいなく、帳面上の操作、計算のみによって贈与を完結させてしまう点で、贈与の存在意義を根本から脅かすものだったといえよう。

ところで最初の事例では贈与と年貢とが、次の事例では贈与と誂物《あつらえもの》の代金とが相殺されたわけだが、ここまで来れば贈与と贈与が相殺された可能性も考えないわけにはいかない。たとえば、AがBに一〇貫文の折紙を贈り、その清算が済む前にBがAに同額の折紙を贈ったとすると、現金を用いずして二つの贈与を同時に完結させることが可能になる。贈与の世界に計算の観念がさらに浸透すれば、このように、同一当事者間で応酬される贈与どうしが相殺されることも、理論的には十分考えられるのである。

では実際にはどうかというと、クリアな事例とはいえないが、ひとつだけ次のような史料がある。『満済准后日記』の永享四年（一四三二）四月一七日条に、三宝院満済が将軍足利義教の正室三条尹子から三〇〇〇疋の折紙を拝領したという記事がみえる。ところがそれからわずか四日後の四月二一日条に、今度は満済が先日の折紙の礼として尹子に三〇〇〇疋を、これもおそらくは折紙で贈ったという記事がみえる。この二つの贈与が相互に相殺されたという明確な記事があるわけではない。だが逆に、これらの折紙がそれぞれに清算されたという記事もまた存在しないのである。私はやはり、この双方向の二つの贈与は、現金を授受することなく相殺されたのだろうと考える。相殺したという直接的な記事がみえないのは、それが言わずもがなのことだったからではないだろうか。

ところで、このようなあからさまな贈与の相殺は、現代社会においてすらまだ十分にはうけいれられていない。それを考えると、そのハードルをいとも簡単に越えてしまった中世人の特異性がますます浮き彫りになってくる。中世とは、現代人からみるとじつに奇妙な時代であり、一方では贈答をはじめ、息の詰まるような儀礼や作法が生活のすみずみまで支配していたにもかかわらず、その内実をみると、案外合理的に営まれていたりもする。その実態を一言でいえば、極端な形式主義ということもできよう。建前というか、その場の体裁さえ繕えればあとはどうでもよしとするような一面がまちがいなくあったのである。では誰もが空虚だと知っていながら、彼らはなぜそれらを捨て去ってしまわなかったのか。彼らにとって贈答儀礼とはいったい何であったのか。それでもなお維持されねばならなかった儀礼の意味を探ることが次なる課題になってくるわけだが、その前に折紙の機能について、もう二、三紹介しておく必要がありそうである。

折紙の譲渡性

折紙の出現は、贈り物を受け取ることがひとつの権利であるという事実を顕在化させたといえるかもしれない。そして権利として意識されたとき、人は次にそれが譲渡できないかどうかを探るだろう。

すでに紹介したとおり、折紙の文面はきわめて没個性的であり、日付もなければ、充所もなく、ときには贈与者の名さえ省かれてしまう。この没個性的な書式、とりわけ充所＝受取人名を欠いている点は、紙幣や持参人払いの手形がそうであるように、じつは譲渡や流通に適した書式だともいえるのである。そこで折紙の譲渡可能性・流通可能性についても検討する必要が出てくるわけだが、結論からいえば、折紙が不特定多数の人びとのあいだを流通した形跡はなく、折紙の不履行が訴訟になったというケースも寡聞にして知らない。その点で、折紙のシステムは、儀礼の道具から証書への越境に絶えず挑みながらも、依然として片方の足を儀礼の領域にふみとどめていたというべきだろう。

ただし、折紙が譲渡されたという例がないわけではない。以下に二例だけ紹介しよう。

一四六四年（寛正五）正月二二日に香厳院修山《きょうげんいんしゅうざん》和尚が所領安堵の礼として一〇〇〇疋（一〇貫文）の折紙を将軍足利義政に進上したところ、義政は、幕府のお抱え絵師小栗宗湛《おぐりそうたん》への去年分の給与二〇貫文が未払いになっていたことから、この折紙を宗湛に「伝与」した。義政から小栗宗湛にたいして折紙の譲渡がおこなわれたのである（『蔭涼軒日録』）。

もう一例も義政にかかわるものだが、こちらは譲渡後の清算手続きまで追うことができる。一四八九年（長享三）二月一一日に義政は洛北の大報恩寺《だいほうおんじ》に御成した。この御成に随行した北野松梅院禅予は、義政から親しく言葉をかけられたことに感激して義政に太刀一腰と一〇〇〇疋の折紙を進上した。ところが三月三日になって、幕府から折紙代金の一〇〇〇疋は義政でなく大報恩寺に渡すようにとの指示があったため、同七日、禅予は指示どおり大報恩寺に一〇〇〇疋を納め、同一六日、大報恩寺長老より禅予のもとに請取状が届けられた。禅予が進上した折紙は、義政から大報恩寺に譲渡されたのである（『北野社家日記』）。

折紙の譲渡とは、一般化していえば以下のようなことである。AはBにたいして折紙を贈ったにもかかわらず、Bがその折紙をCに譲渡すると、AにはCにたいして現金を引き渡す義務が発生する。そのさい、AとCのあいだにはかならずしもパーソナルな関係が成立している必要はない。そういうことが可能だったということである。これに近いものを私たちの身近に探すとすれば、商品券やカタログギフトなどがまず思いあたるが、折紙の譲渡とは、贈与者にたいする請求権を譲渡することである。商品券もカタログギフトも有価証券だから譲渡はできるが、そこで譲渡されているのはデパートやギフトショップにたいする請求権であって、贈与者にたいする請求権ではない。そこに両者の決定的な違いがある。むしろ注目すべきは一部の地域通貨（エコマネー、親切券）であろう。親切のような本来パーソナルな関係下でおこなわれるべきものでも、不特定多数の人びとのあいだを流通させることが可能だという発想には、折紙のそれにきわめて近いものがあるからである。

ところで右に紹介した二例はいずれも譲渡の主体が将軍または前将軍であり、下位者

（A）から上位者（B＝将軍）への垂直的な贈与と、それに続く上位者（B＝将軍）から下位者（C）への同じく垂直的な譲渡によって構成されている。折紙の譲渡例については、金子拓が『蔭涼軒日録』から右の一例を含む合計一九例を検出しているが、わずか一例を除いて譲渡主体はすべて将軍であるという同様の結果が出ている（金子前掲書）。折紙の譲渡は、中世においても倫理的抵抗感が強かったらしく、対等者間や下位者から上位者への譲渡例はほとんど確認されていない。

ではその倫理的抵抗感はどこから来ていたのだろうか。贈り物が使用価値においてとらえられているばあい、AがBに贈ったものをBがCに譲ったとしたら、AはBにたいして不快感を抱くだろう。Aはその贈り物をBに使用してもらうために贈ったからである。ところが中世日本におけるように、贈り物が交換価値においてとらえられているばあい、Bが同じことをしても、AがBにたいして不快感を抱く理由はない。なぜならそれがその贈り物本来の用途だからである。けれども問題は順番だ。AからBへの贈与が完結したあとで譲渡がおこなわれるならよいが、Bは、AからBへの贈与が完結しないうちに、Aの贈り物をCに譲ってしまった。その結果、AのBにたいする好意は、それが実現される前にBのCにたいする債務と連結されて、AのCにたいする債務に置き換えられてしまう。Bがモースのいう「第二の義務」、贈り物を受ける義務を全うしたかどうかがきわめて微妙になってくるのだ。

もちろんより高次な視点に立てば、Bの債務を肩代わりしたことでAのBにたいする好意は十分実現されたという別の解釈も成り立ちうるわけで、譲渡をおこなった将軍側が拠って立っていたのはこちらの解釈であろう。しかしいずれにしてもAが、自分の好意が生かされたと感じるか、無にされたと感じるかは微妙なところであり、かてて加えて見ず知らずの者のところへ現金を届けるということはそれ自体が多大なストレスをともなったにちがいない。となれば、受贈者が贈与者より上位者でなければ成立しにくかったのも当然である。

市場経済的なネット計算——相殺や差し引きといった処理——に贈与というものがどこまで耐えうるのか、贈与の非人格化がどこまで進むと参加者たちはそれをもはや贈与と認識できなくなるのか、そのあたりに儀礼と経済を分ける垣根があるわけだが、私は、たとえ将軍のようなごく一部の人間にかぎられていたとはいえ、その垣根が踏み越えられてゆく状況があらわれたところにこの時代の先鋭性を認めたいと思う。

贈与の非人格化は、贈与者と受贈者のパーソナルな関係から受贈権を切り離し、第三者に与えうるところまで進行したが、そこは贈与がもう一歩で贈与でなくなるいわば臨界点を示しているといえよう。そこを突き抜けたところに何が待っているかということも無論重要だが、一方では、そこに向かう歩みが、じつは贈り物の本質が使用価値から交換価値に移ったときにすでにはじまっていたことも見のがせない。非人格化への道はそのごく自然な帰結にすぎなかったようにもみえる。

贈与の狂乱

折紙のようなシステムの出現は、儀礼の末期症状なのだろうか。たしかにそうかもしれぬ。というのも、このシステムが存続した期間は一五世紀のたかだか一〇〇年間にかぎられていたからである。もちろん折紙＝目録自体はその後も生きつづけて現在にいたっている。しかし、折紙が一五世紀のような振る舞いをみせることは二度となかったのである。

前に私は、折紙が日々押し寄せる贈答儀礼から贈与者たちを救ったと述べたが、もしかするとそれは逆なのかもしれぬ。折紙の出現が持ち合わせのない者にも銭の贈与を可能とした結果、人びとはそれを安易に用いるようになり、そのことが銭の贈答を活発化させたとも考えられるからである。実際、四代将軍足利義持のころから目立ちはじめた折紙の使用例は、次の六代将軍義教（五代将軍義量は義持生前に早世）の時代に入ると――『看聞日記』によれば、一四三二年（永享四）正月ごろから――一気に拡大する。折紙のせいで途方もない贈与の狂乱がはじまったとみえなくもない。

年中行事やその他さまざまな機会に人びとが将軍に贈った折紙は、まもなく幕府によって重要な財源と目されるようになり、そこからの収入は「折紙方」とよばれ、専属の奉行人

（「折紙方奉行」）まで任命された。

折紙が財政的に利用された例は枚挙にいとまがない。一四三二年七月に足利義教の内大臣昇進を祝って催された大饗《だいきょう》の費用には、僧俗が祝儀として進上した折紙が充てられており（『満済准后日記』永享四年六月二五日条）、四三年（嘉吉三）四月の賀茂祭も「公銭なし」（財源不足）との理由で折紙銭によって挙行された（『建内記』嘉吉三年三月一六日条）。五九年（長禄三）一一月に足利義政が高倉亭から室町亭に転居したときにも人びとは祝儀として折紙を進上したが、それらは遣明船の派遣費用に充てられることになり、翌年二月、幕府によって未納者への一斉催促がおこなわれている（『大乗院寺社雑事記』長禄四年二月九日条）。このほか、義政は寵愛《ちょうあい》する猿楽師《さるがくし》に一〇〇貫文の禄を与えようとして、折紙銭未納者に厳しい督促をおこなったために、大きな反発を買ったりもしているが（同、寛正二年〔一四六一〕七月八日条）、いずれにせよ幕府の窮乏化にともなって財源としての折紙への期待がますます高まっていったことが知られよう。私が当該期の財政体質を「贈与依存型財政」とよんだ理由のひとつである。

ところが、折紙を贈ったほうもたいてい台所は火の車だったから、現金もそう簡単には集まらない。そこで滞納者たちに督促し、未清算の折紙銭を回収してまわるのが「折紙方奉行」の重要な仕事となった。前に伏見宮貞成親王が将軍義教にたいして二年分の折紙銭を滞納していた例を紹介したが、その貞成も幕府からしばしば督促をうけていた一人である。ところが貞成はあまりにも折紙を濫発《らんぱつ》しすぎたために、督促をうけてもそれがいつのどの折紙をさしているのかさえわからない状態に陥っていた（『看聞日記』永享一〇年三月五日条）。

このような放漫な贈り主たちを相手にしていたとなると、折紙銭が実際幕府財政をどの程度潤しえたか、かなり怪しくなってくるが、もともと儀礼の道具として出発した折紙には支払期日や担保の記載がなく、証書としての要件を十分満たしていなかったから無理からぬところもあろう。折紙は、まさにそのどっちつかずの性格ゆえに都合よく——ときには儀礼的に、ときには証書的に、しかしいずれのばあいにも結局は支払いを先延ばしするために——使われたのである。

一五世紀末になると、さすがにこうした放漫ぶりが祟《たた》ったのか、折紙のシステムそのものへの信頼がようやく揺らいでくる。『北野社家日記』延徳二年（一四九〇）八月九日条には、足利義政の正室日野富子《とみこ》が「御折帋ばかりは納むべからず。現脚をもって進上いたすべし」との命令を発したとの記事が書きとめられている。現金（「現脚」）を一向に納めず空手形ばかり切っている連中を前に、ついに堪忍袋《かんにんぶくろ》の緒が切れたといったところだろう。

折紙＝目録で贈与をおこなう習慣自体はその後も生きつづけるものの、折紙の手交から現金の引き渡しまで何ヶ月、ときには何年もかかるという異常な事態は一五世紀中にほぼ収束し、一六世紀に入るとほとんどみられなくなる。そして注目されるのは、この動向が、ちょうど同じ時期に中世の信用経済全体を襲ったドラスティックな変化とも無関係ではなかったとみられることである。

3 人格性と非人格性の葛藤

債権が流通する社会

一五世紀と一六世紀のさかいに発生したのは、一言でいえば、中世の信用経済の全面的な崩壊であった。ここで中世の信用経済とよんでいるものは、代銭納制の普及をうけて一三世紀末ごろにはじまったもので、この時期を代表する手形が割符《さいふ》とよばれた額面一〇貫文の定額手形であったことについては本章の冒頭でも紹介した。

人類史における信用経済の歴史はかならずしも右肩上がりの発達をとげてきたわけではなく、寄せては返す波のように発達と衰退をくり返してきたというのが実態に近い。日本の前近代においてはそのピークは三度あり、いま問題にしている中世の信用経済とはそのうちの第二のピークをさす。ちなみに第一のピークは平安時代の朝廷財政システムのなかから発生したもので、一〇世紀ごろから大蔵省や国司などの諸官司が発行した支払命令書等の行政文書が民間の金融業者である借上《かしあげ》に割り引かれるなど、金融の手段として機能していたが、中世の入口にあたる一二世紀中にそのほとんどが姿を消してしまった。国司の徴税能力の低下や、それにともなう財政システムの改編、そして一二世紀半ばに大量に流入してきた中国銭が、それまで貨幣として使用されていた米や絹布の地位を押し下げたことなどが原因と考えられる。

他方、第三のピークとは江戸中期にはじまる両替商や堂島《どうじま》米市場の時代をさしている。この時期には為替手形や預かり手形、振《ふり》手形などさまざまな手形が流通したほか、堂島では早くも先物米《さきものまい》（帳合米《ちょうあいまい》）取引がはじまる。その終期についてはいろいろな切り取り方がありうるが、銀目《ぎんめ》廃止（一八六八年）によって大坂両替商が壊滅した明治維新までを一応の区切りと考えてよいだろう。

さて話題を第二のピークにもどすと、この時期の代表的な手形であった割符は一六世紀に入ると忽然《こつぜん》と姿を消してしまう。割符だけでなく、借用証書の流通もこのころから明らかに鈍化の傾向をたどるが、「はじめに」でも少し触れたように、それ以前には借金証文が金融業者間をごく普通に流通しており、債務者の知らないうちに債権者が変わっているなどということもめずらしくなかった。債権というものがいとも簡単に流通しえたのである。

債権・債務自体はいつの時代にも、それこそ超歴史的に存在したといってもよいものだが、それらの流通となると観察される時代はかなりかぎられてくる。債権が存在していても、それらが流通する時代としない時代とがあったのであり、信用経済発達のピークとは、概して債権が流通しやすかった時代ということになろうが、なかでも第二のピークにおいてはそれが顕著に観察されるように思われる。

債権の流通とは、わかりやすくいえばこうである。AがBに借金をし、BがCに借金をしていたとしよう。Bは、Aにたいする債権——すなわちAから借金を取り立てる権利——をCに譲渡することで、Cへの借金の全部もしくは一部を返済しようとするかもしれない。これが債権の譲渡であり、さらにそれがくり返されれば債権の流通となる。つまりAとB、BとCそれぞれのあいだに存在する二つの債権・債務関係の連結を認める社会では、債権の流通がおこるのである。中世日本も現代日本もともにこのタイプの社会に属するが、現代では債務者に無断で債権を譲渡することは禁じられているから、債権流通の自由度は中世のほうが高かったといえる。

一方、債権が流通しない社会では、AがBに借金をし、BがCに借金をしていたとしても、BはCへの借金を返済するためにAにたいする債権をCに譲渡することはできない。二つの債権・債務関係は連結することなく、それぞれ独立して存在しつづけるのである。

一五世紀と一六世紀のさかいに発生した事態とは、一言でいえば、前者のタイプの社会から後者のタイプの社会への急激な転換がおきたということだが、この転換のうえに折紙のシステムの崩壊という現象を置いてみるとじつにわかりやすい。債権の流通を認める社会において、その原理が極限まで応用された結果、それが贈与の領域にまでおよんだのが折紙＝受贈権の譲渡という現象だったと解釈できるからである。と同時に、そこはこの原理が通用する最果ての地であったがゆえに、将軍を受贈者とするケースを越えてそれ以上の広がりをみせることはもはやなかったのだろう。

所有権の暴走

ともかく折紙の約束手形的使用とその沈静化が、時期的な一致からみても、一三世紀末にはじまり一五世紀末から一六世紀初頭に終わりを告げる第二のピークと連動していたことはまちがいない。それまで京都の金融界を牛耳ってきた山徒（延暦寺の下級僧侶）の土倉があいついで没落し、俗人の土倉に取って代わられるのもちょうど同じころであり、一五世紀末から一六世紀初頭には信用の担い手にも大きな交代がおきていたことがわかるが、さらに同じような交代は債権だけでなく、物権の世界にもおきていた。

中世の人びとは、さまざまな経済関係や、ときには人間関係に近いものでさえ、文書化しさえすれば自由に譲渡できると考えていたふしがある。前後の時代の人びとにくらべてさまざまなモノやコトを権利化、不動産化することに長《た》けていたといえるのである。

土地所有以外の領域において、経済的収益を生む場所や人との関係が継続的に占有されているばあい、私たちはこれをナワバリとよぶが、もっとも素朴なナワバリは実力やせいぜい同業者の承認によって維持されているオーラルな秩序にすぎず、同業者を越えた他者にたいしては対抗できないことが多い。それにくらべれば中世のナワバリの多くは、たんなるオーラルな秩序ではなく、文書主義に貫かれていた（証文が作成された）こと、そして同業者以外の者にたいしても売買や質入れが可能であり、裁判でもしばしばその権利が認められた点で、所有権としてより成熟していたといえよう。

たとえば、職人と雇用主である寺社との関係が物権化したものに「大工職《だいくしき》」とよばれるものがあった。「大工職」が成立するのは一三世紀後半、鎌倉時代後期のことで、ちょうど第二のピークが本格的に始動する時期にあたる。「大工職」は本来その寺社の役職のひとつとして成立し、当初は寺社が任免権をもっていたから、ひとたび「大工職」に任命した職人でも仕事に怠慢があったり、技能に問題があったりすれば、寺社はその職人を解雇することができた。出入りの職人を雇い主みずから選べるというのは、私たちの感覚からいってもごく自然なことであろう。ところが職人側はまったく別のとらえ方をしており、一度「大工職」に任命されてしまえば、その権利は永代のものであり、子孫への譲与や他人への売却も自由だと考えていたのである（この点については第2章の「遷代の職」と「永代の職」の対立を参照のこと）。

二つの論理の対立はやがて後者の優勢へと傾き、一五世紀末までに寺社は「大工職」任免権を完全に失ってしまった。所有権としての「大工職」が完成したのである。その結果、寺社は雇用主でありながら職人を選択する自由も解雇する自由も失って「大工職」所有者のたんなる稼ぎ場所に成り下がってしまったばかりか、ひとたび職人間に「大工職」をめぐる訴訟が発生すると、作事自体が係争物権として何年間も凍結されるような事態もおこった。この時代、寺社が職人にたいする雇用の自由を回復するには、職人から「大工職」を買い取るなどして、寺社みずからが「大工職」所有者となる以外になかったのである。

ところが一六世紀に入ると、一五一〇年（永正《えいしょう》七）に室町幕府がはじめて「大工職」を否定し、寺社の自由雇用権を認める方針に転じたのをはじめ、各地の戦国大名や国人領主たちもあいついで同様の方針を打ち出していった（桜井『日本中世の経済構造』）。こうして物権としての「大工職」は消滅に向かうのだが、その転機がやはり一六世紀初頭であったのは偶然とはいえまい。そして「大工職」が消滅直前にみせた所有権の暴走とでもよぶべき事態も、折紙が贈与の世界にもたらした狂乱とおそらくはパラレルな関係にある。

功利主義との訣別

「大工職」とは職人と雇用主との〝関係〟が物化したものであり、また「大工職」とよく似たものに「立庭《たちば》(場)」「売庭《うりば》(場)」などとよばれた、商人たちのナワバリがあったが、こちらはいわば商人と顧客との〝関係〟が物化したものであった。そして同じようにして、中世の人びとは、借用証書のなかに債権者と債務者との、折紙のなかに贈与者と受贈者との〝関係〟が物化された姿をみていたのである。このように〝関係〟自体が文書のなかに物化し、それゆえ譲渡可能なものと考えられていた社会では、パーソナルな関係(人格的、情誼《じょうぎ》的、固有名詞的関係)は容易にインパーソナルな関係(非人格的、匿名的、普通名詞的関係)に転化する、あるいはそもそもパーソナルな関係自体が成立しにくい。

中世においてもっともパーソナルで、およそインパーソナルな関係に転じそうにないものとは何であろうか。主人と従者のあいだに結ばれた主従関係がそうだろうか。読者のなかにもそう信じている人がいるかもしれないが、じつはかならずしもそうではなかった(そのことは歴史学では半ば常識に属している)。主従関係は——江戸時代の御家人株《ごけにんかぶ》ならいざ知らず——この時代にはさすがにたやすく譲渡というわけにはいかなかったものの、二、三代目ともなれば主人との情誼的な関係は薄れ、家格や所領といった非人格的なものに吸着してしまうのが一般的である。鎌倉幕府においても将軍と武士とが主従関係で結ばれていたのは初代の源頼朝の時代だけであり、二代頼家《よりいえ》以後の将軍は新たに武士を自分の御家人に取り立てることはなかった(河内祥輔《こうちしょうすけ》「朝廷・幕府体制の成立と構造」)。御家人とは頼朝時代に御家人になった者の子孫の謂《いい》であり、現職将軍の意思とは無関係に存在しつづけた点では、早くも一種の〝株〟に化していたといっても過言ではない。

では家族はどうだろう。なるほど家族は中世に存在した人間関係のなかでは友人関係とならんでもっともパーソナルな部類に入るにちがいない。しかし、その規模にもよるけれども、日本の家が非血縁的構成員をごく普通に含んだ、多分に擬制的な組織であったことも忘れてはならない。もとよりすべての人間関係がそうだったと主張するつもりはないが、中世とは——現代とならんで——人間関係が日本史上もっとも希薄な時代のひとつに数えられるかもしれない。あるいは次のようないい方もできよう。インパーソナルな関係とは要するに〝替えが利く〟関係ということであるから、中世の人びとは人間の個性というものをあまり信じていなかったのだと。〝罪を憎んで人を憎まず〟という気質もそのなかで培われたと考えるとたしかにわかりやすい。

一五世紀末から一六世紀初頭にかけての変化とは、このような中世的な観念体系が解体し、パーソナルな関係の復活・巻き返しがおきたということである。事実これ以後、物権や債権は、以前ほど容易には流通しなくなる。この変化がなぜおきたかを説明するのはむずかしいが、少なくともこのドラスティックな変化がおきる以前の社会においては、贈与経済と市場経済とはきわめて親和的な関係にあった。それは実際のモノの流れをみてもそうだし、原理的な面でも信用や計算、打算といった観念が儀礼の壁をたやすく越境して贈与の世界にどんどん入りこんでいた。それは紛れもなく贈与経済と市場経済とが極限まで接近した時代であった。両者は一般に信じられているほど対立的なものではなかったのである。ただし、それは今日のギフト産業にみられるような共存のあり方とは全然違う。中世におきていたのは贈与の省力化であり、骨抜き化である。贈与をぬかりなく、むしろ過剰におこなわせることで収益をあげるギフト産業とはベクトルがまるで異なるのである。

一方、未開社会の贈与経済は、市場経済と距離を置くことで微妙なバランスを保っていたケースが少なくない。それゆえに西欧文明との接触によって壊滅的な変容をこうむった事例は世界中のあちこちにあり、パプアニューギニアのクラにせよ、北米先住民のポトラッチにせよ、今日広く紹介されているありようが、本来の姿でなく、西洋文明と接触して変容をとげたあとの姿であることはいまや周知の事実となっている。ただ、かといって市場経済と贈与経済とを、遊びなれたプレーボーイと世間知らずの箱入り娘のように、あまりに対比的にとらえるのも正しくはあるまい。信用や計算、打算といった観念がもっぱら市場経済側の属性で、贈与経済はそれらの侵入を受動的に許していただけとする理解にもあまり傾きすぎないほうがよい。もちろんマリノフスキやモースがそう考えていたわけではなく、彼らはむしろ逆に贈与経済が生来もっていた信用や計算、打算といった要素に注目したからこそ、贈与から商業や信用の観念が発生したという正反対の、しかし容易には認めがたい仮説に走りもしたわけだが、いまはそうした起源論争は脇に置こう。ここで問題としているのはもっと文明化された社会である。

当面する日本の中世社会に関していえば、贈与経済が市場経済の影響をこうむって変質したというより、共通の功利主義的精神が、一方で贈与経済の領域に、他方で市場経済の領域に並行的な進化をもたらしたと考えたほうが実態に近いように思える。危機はどちらにも訪れたが、危機が去ると贈与経済のほうだけが袋小路に入った。贈与経済と市場経済と功利主義の三者は一〇〇年の蜜月《みつげつ》をともにすごしたのち、贈与経済だけがそこから身を引いたのである。贈与には、それを越えられると贈与であることをやめざるをえなくなるような〝譲れぬ一線〟というものがあって、それが最後の最後のところで功利主義との訣別《けつべつ》を避けがたいものにしたのだろう。この〝譲れぬ一線〟をもつか否かが、要するに贈与経済と市場経済とを分かつ決定的な違いとなるわけである。

第4章　儀礼のコスモロジー

1　〝気前のよさ〟と御物の系譜学

〝気前のよさ〟の正体

前章では、前半で贈与と商業の関係を取り上げて、贈与によっていかにモノが動いたかをみ、後半では贈与と信用の関係を取り上げて、逆に贈与によっていかにモノが動かなかったかをみた。そして後者のようにモノをなるべく動かさずに贈与を完結させようという動きを、贈与の省力化とよんだのである。なぜ贈与の省力化が進んだのかといえば、贈与自体をやめるわけにはいかなかったからである。やめるというオプションがありえず、にもかかわらずそれを維持してゆくだけの経済力がないときに省力化は進む。

ではなぜ贈与をやめるわけにはいかなかったのだろうか。この問いは中世にかぎらず、現代についても同様に問われるべきアポリアではあるが、さしあたり次のような問題から接近を試みてみよう。

武家の棟梁《とうりよう》の条件としてしばしばあげられる資質に〝気前のよさ〟がある。有名なのが『梅松論』に出てくる足利尊氏のエピソードだろう。尊氏には心の強さ、慈悲深さ、気前のよさという三つの徳があり、とくに気前のよさについては、八朔の日になると尊氏の屋敷には数えきれないほどの進物が集まるのに、尊氏がそれらを片っ端から人に分け与えてしまうので夕方には何も残らなかったという。禅僧夢窓疎石《むそうそせき》が日ごろよく人に聞かせていたというこのエピソードは、〝気前のよさ〟が武家の棟梁たる者の要件であることの例証としてしばしば引用されるもので、佐藤進一《さとうしんいち》は「寛容の徳は適応性・妥協性に通じて、だれにでもかつがれやすいと同時に、多くの人を組織する能力を生みだす」と評している（『南北朝の動乱』）。

身分が流動的で固定していない社会では、贈り物や饗宴で勝ちとった名声によってその人物の身分や社会的地位が決定されることがある。このような贈与競争（競覇的贈与）をポトラッチとよぶわけだが、なるほどその意味では右の尊氏の行動もポトラッチ的な要素を含んでいないこともない。ただし、中世日本が身分的流動性の高い社会だったかといえばそのようなことはなく、基本的にはまったく逆の身分制社会＝非ポトラッチ社会とみるべきである（桜井「宴会と権力」）。さらに〝気前のよさ〟がつねに武家の棟梁にふさわしい資質であったかといえば、それも一概にはそういいきれないところがある。

たしかに日本の歴史にも、ときどき派手な衒示《げんじ》的、蕩尽《とうじん》的消費をおこなう為政者が出てくる。尊氏の気前のよさはちょっと違う気がするけれども、彼の孫である義満や豊臣秀吉などは明らかにそのタイプだろう。けれども尊氏的な大らかな〝気前のよさ〟にせよ、義満・秀吉的なこれみよがしの〝気前のよさ〟にせよ、それらが高く評価されるのは概して権力・秩序の形成期に集中しているように思われる（ただし、これみよがしの〝気前のよさ〟については形成期においてすら評価されたか疑問である）。権力・秩序の解体－形成期には身分的流動性が高まることが予想されるから、ポトラッチ的行為の許容されやすい環境が一時的に生まれるというのは大いにありうることで、その点ではサーリンズが〝気前のよさ〟を「リーダー制の起動装置」とよんだのは正しい表現だろう（『石器時代の経済学』）。

ただし中世日本においては、たとえ権力・秩序の形成期であっても〝気前のよさ〟だけでその人物の身分や社会的地位が決定されることはありえず、そこに非ポトラッチ社会たるゆえんがある。「まだ十分洗練されていない以前の宣伝方法が有効であったのは、誇示する人の訴えかけるべき大衆がまださほど訓練されていない多数の社会構成員から成り立っていて、富や閑暇《かんか》のなかにある細かな変化を見破ることができないときに限られる」（ヴェブレン『有閑階級の理論』）というのは、おおむね当たっているだろう。

また、彼らの〝気前のよさ〟にはもうひとつ別の側面があることにも注意しよう。それは、その多くが財の再分配にかかわって発揮されているという点である。尊氏が分け与えたのはもともと人びとから贈られた物であり、義満が南都北嶺《なんとほくれい》でばらまいた品々も同様であった。彼らはけっして自腹を切っていたわけではなく、財を振り分けるチャンネルの役割をはたしたにすぎない。マキャベリ流にいえば、「他人の所有物を分配してゆく君主には、この気前の良さが必要である。さもなければ、兵卒は付いてこないだろう」（『君主論』）といえようし、サーリンズ流にいえば、「父親からもらったお金で贈物をかって、父親にクリスマス・プレゼントをする幼い子どもとまったく同じ」といえなくもない。そしてその種の再分配機能自体は、収入のうちのどれだけを再分配にまわすかの違いはあれ、じつはほとんどの権力が備えていることなのである。その点で『梅松論』のエピソードは少々罪深いところがあり、これを真《ま》にうけると中世の権力の性格を見誤ってしまう恐れもある。

本書の冒頭でも述べたように、贈与は——親子兄弟などごく近しい肉親間でおこなわれるばあいを除いて——一般に返礼の義務をともなう。贈り物を受け取ればお返しをしなければならないのだ。贈与のもつこの性質を互酬性 reciprocity ともいうが、一見〝気前のよさ〟

とみえた尊氏の行動も、よくみればこの互酬性のノルマを満たしているにすぎないことがわかるだろう。つまり、かなり気前よく振る舞っていたようにみえて、じつはようやく贈与者ととんとんなのである。

では安定期の将軍権力もこの互酬性のノルマを満たしていただろうか。答は当然のことながら否である。精一杯気前よく振る舞ってもとんとんなのだから、まして〝気前のよさ〟を滅多にみせなくなった世代が互酬性のノルマを満たせるわけがない。彼らはたまに贈与者に贈り物を返却することで〝気前のよさ〟をみせることはあったが、それ以外のときはたいてい儲《もう》けていた、つまり収支は黒字だったのである。それが信じられない人には、前章で紹介した「贈与依存型財政」のことを思い出してもらうのがよい。贈答儀礼の収支がもし赤字やとんとん程度であったなら、それらを財源化することなどそもそも不可能だったろう。それらが財源化できたということが、彼らが互酬性のノルマを満たしていなかった何よりの証しである。

では貴族や武士、僧侶などの贈与者たちは、このような不均衡な贈答儀礼に不満を抱かなかったのだろうか。

戦勝を祝う参賀や太刀献上などがたまたま続いたりすると、彼らも愚痴をこぼすことはあったが、そういうことでもないかぎりは、将軍にたいする一方的な贈与に彼らが不満を抱いていた形跡はない。それが何を意味しているかといえば、将軍への贈与においては細かな物質的収支はもはや問題にしない、それほど広大な恩恵を日ごろからこうむっていると彼らは考えていた——少なくともそのように合理化していたということだろう。要するに安定期の権力は、まさに安定を維持していること（個々の家にとっては所領を安堵してもらえていることがそのもっとも具体的な表象であった）自体が最大の贈与と解釈されたために、より高い次元で互酬性が成立しているとみなされ、気前よく振る舞う必要性は漸減したと考えられる。「個人が他の人びとから贈物やサービスを受けながら、それに報いることをしなければ、彼は彼らに従属するようになる。しかし、強固に確立された制度的な権威をもつ首長は、少しも彼の位置を危うくすることなく、彼の追従者から貢納を受け取ることができる」（ブラウ『交換と権力』）という現象がここにも観察されるのである。

そして似たような贈与の拡大解釈は、追従と妄信とをともに呑《の》みこみながら社会の随所で進行してゆく。寺院が将軍に進上する献物のばあいには、将軍の御成にたいする返礼としての意味合いが強かったと考えられる。将軍がわざわざ足を運んでくれただけで十分なのだから、将軍にそれ以上の返礼を求める必要はないというわけだ。

さらにいえば、将軍に贈り物を受け取ってもらえることは、贈与者にとってそれ自体がすでに恩恵であった。「神は非礼を享《う》けず」というが、受け取ってもらえただけでうれしいという感情を贈与者に喚起できた点で将軍は神にも匹敵した。献物のばあい、前にも述べたように将軍はそれらを持ち帰ることはせず、その場で修理の必要な寺院に寄進するのを常としていたが、気に入った品があったときにはまれにこれを持ち帰り、将軍家のコレクションに加えることもあった。献物の財政運用が常態化してくると、このように将軍に受納してもらえることが贈与者にとってこのうえない栄誉と意識されるようになる。

一四六二年（寛正三）の二月から三月に足利義政は大智院《だいちいん》・相国寺・雲沢軒《うんたくけん》・松泉軒《しょうせんけん》にあいついで御成し、多数の献物の進上をうけたが、義政はそのうち小袖・堆紅盆《ついこうぼん》・高檀紙・杉原紙を鹿苑院塔婆《ろくおんいんとうば》造営料に寄進したものの、それ以外はすべて受納したために献物の手配をおこなった僧侶は「人皆相賀す」という賞賛を浴びた（『蔭凉軒日録』寛正三年三月一七日条）。また一四四〇年（永享一二）四月に足利義教が雲龍院に御成したときには、義教は献物のなかの盆をいたく気に入って、これを手もとに置き、その代わりとして手持ちの盆をひとつ寄進にまわすという手の込んだやり方をしている（同、永享一二年四月八日条）。このときの贈与者も大いに面目を施したことはいうまでもあるまい。

定期的にめぐってくる将軍の御成は禅宗寺院にとってまちがいなく大きな負担であったはずだが、そのようななかで御成を歓迎する何らかの動機が寺院側にもあったとすれば、この名声は明らかにそのひとつに数えられよう。そして、ここでもまた受納自体が恩恵であったがゆえに将軍が返礼をする必要はなかったのである。

もちろん名声を勝ちとるには将軍の好奇心をくすぐるような名品を贈らねばならない。それが将軍のお眼鏡にかなえば受納されるし、かなわなければどこかの寺院の修理費にまわされる。そのような篩《ふるい》を通過しながら形成されるのだから、将軍家の美術品コレクションは否《いや》が応でも最高の水準をきわめることになろう。

「御物」の経済

内裏や室町将軍家が保有する宝物を「御物」という。現在、内裏の「御物」はギョブツ、将軍家の「御物」はゴモツと読んで区別する習慣があるが、おそらくギョブツという読みは新しく、もともとはどちらもゴモツと読んだのではなかろうか。

将軍家御物の中核を占めるのは唐物と刀や鎧などの武具である。唐物とは中国の美術品・工芸品のことで絵画や漆器、胡銅《こどう》製品などが主である。それらは中国から直接輸入によってもたらされたほか、それと並行して右にみたような贈与等を通じて国内から吸い上げられる部分もあった。そしてその入手過程から考えても、将軍家御物は階層性をもっていたと考えるのが自然である。

最下層に位置したのは、将軍に献上されるや否や、将軍の手を離れてどこかの寺院に物納されてしまう献物たちであり、それらはそもそも御物とよべるのかどうかさえ定かではない。その対極に位置したもの、つまり最上層を占めたのはレガリア、つまり伝家の秘宝・聖物の類であろう。その全容は十分には解明されていないけれども、たとえば「小袖」の銘をもつ鎧は『梅松論』『太平記』『明徳記《めいとくき》』などにも登場する著名な宝物で、当然門外不出、他人に貸与したり、まして譲渡することなど許されないものだったろう（鈴木彰《すずきあきら》『平家物語の展開と中世社会』）。そしてこの最上層と最下層のあいだに広大な御物の海が存在したわけだが、その総体は高いほうから低いほうに向かって有銘から無銘へ、譲渡不可能物から譲渡可能物へ、使用価値から交換価値へのグラデーションをなしていたはずである。

つまり上層には、それ自体が源氏や足利家の歴史そのものであるような個性に満ちた（当然それらは銘をもつことになろう）、それゆえとうてい値もつけられそうにない御物が君臨しているが、下層に行くにしたがって、けっして粗悪品というわけではないものの、しだいに個性が薄れ（ある層からは銘ももたなくなるだろう）、他者への贈答品・下賜品用としてプールされているにすぎないような、つまり交換価値としてだけ所蔵されているような品々に移っていくことが想定される。そして、このような構造自体は内裏の御物にもほぼそのままあてはまるだろう。そこにも三種の神器を頂点とする御物の階層性が存在したことは疑う余地がないからである（ただし三種の神器が他の「御物」と同じ範疇で認識されていたかどうかはまた別の問題である)。

ところで私は以前、これらの御物がたんに内裏・将軍家の私有財産であるだけでなく、貴族社会全体の共有財産としての側面ももっていたと指摘したことがある(桜井「「御物」の経済」)。なぜなら、それらは貴族たちの困窮を救うために貸し出されたからである。貸出をうけた貴族はそれを土倉にもっていって借金をする。名品ぞろいだからよい値になるのだ。無論、天皇や将軍も承知のうえでである。質草に事欠くほど困窮していた貴族が大勢いたこともさることながら、御物が町の土倉に質入れすることを目的として貸し出されていたというのもおよそ信じがたい事実だろう。たとえば一四二八年(正長元)七月には二条持基《にじようもちもと》が摂政拝賀・後花園天皇践祚《せんそ》への出仕を前に足利義教に窮状を訴えた結果、一〇〇貫文相当の「御質物」を貸与されており(『満済准后日記』正長元年七月二五日条)、翌二九年(永享元)九月にも義教の南都下向に同行を命じられた三宝院満済が同じく義教に窮状を訴えて二〇〇貫文相当の「公方様御質物」を貸与されている(同、永享元年九月一九日条)。

興味深いのは、一四三六年(永享八)八月に義教の来訪をうけることになった伏見宮貞成親王がおこなった接待費工面の方法である。貞成は義教へは内緒という約束で義教の正室三条尹子から蒔絵《まきえ》手箱一つと食籠《じきろう》四つを借り、そのうち食籠三つは公方御倉《くぼうおくら》(将軍家御用達《ごようたし》の土倉)正実坊に預けて五〇貫文を、残る手箱と食籠一つは内裏の女房である典侍《ないしのすけ》・勾当内侍《こうとうのないし》に預けて、おそらく禁裏御倉《きんりみくら》(内裏御用達の土倉)からだと思われるが、一〇〇貫文を借りている(『看聞日記』永享八年八月一二、一三、一五日条)。このうち食籠一つについては記録を欠いているものの、手箱と食籠一つは一一月に、食籠二つは請け出しに難航したのか、翌年五月になってようやく尹子に返却されている。これは厳密にいえば将軍家御物ではないが、ほぼそれに準ずる例と考えてよいだろう。客の接待費を、その客の妻から借りた調度品で都合している滑稽《こっけい》さはいかにも貞成らしい。

御物の貸与は内裏の御物でもおこなわれている。一四〇五年(応永一二)一二月には貴族の一人山科教言がお抱えの織手《おりて》らに給料を支払うため、内裏より食籠を借りて土倉に質入れしているが(『教言卿記』応永一二年一二月二一日条)、これは内裏・将軍家を通じて御物が貸与された早い例である。

このような質物の貸与は個人間でも盛んにおこなわれており、これまでに触れてきた贈与のカテゴリーでいえば、広義のトブラヒにあたるとみるのが妥当だろう。要するに仲間の誰かが多額の出費に直面したとき

屈輪文犀皮食籠/屈輪文犀皮盆。南宋時代。徳川美術館所蔵　ⓒ徳川美術館イメージアーカイブ/DNPartcom

に、まわりの者が支援目的でおこなう相互扶助的な贈与の亜種《あしゅ》だということである。羽振りのよい時代であれば、現金でのトブラヒがおこなわれたところだろうが、内裏も将軍家も経済的に苦しくなってきた一五世紀には現金でなく物が、しかも贈与でなく貸与が一般的になったと考えられる。なお、この目的に供された御物は譲渡可能物であり、しかも交換価値として機能しているから、御物の階層のなかで上位を占める一群は当然ここから除かれることになろう。

貴族社会全体の共有財産ということでいえば、貴族たちのための貸衣装が内裏に保管されていたことにも触れておきたい。

斎藤真妃《さいとうまき》の研究によれば、戦国時代の貴族社会では、窮乏化にともなって衣服の新調はほとんどおこなわれなくなり、貴族どうしの貸借で済ませることが多くなるが、とくに一生のあいだに何回着るかというような儀礼服は各家に一そろいずつ所持している必要はなく、どこかの家にあればそれを融通しあって使えばよいという合理的思考が支配的になる。そしてそのような傾向のなかで、一五世紀末ごろから内裏に「公物《くもつ》」とよばれる貸衣装が登場してくるという。斎藤によれば、「公物」は内裏の長橋局《ながはしのつぼね》に置かれていたが、この「公物」は貴族たちのために朝廷みずから誂えたものと、貴族たちから預けられた、もしくは寄付されたものの二種類からなり、数としては前者が圧倒的に多かったこと、後者では元の所有者の所有権が消滅しておらず、長橋局から借りるときでも元の所有者の許可が必要であったことなどが明らかにされている（「中世貴族間における衣服貸借について」）。

この「公物」は天皇自身が着用するものではなく、しかも一部には明らかに古着も含まれていたことから、いわゆる御物とは区別したほうがよいのかもしれない。だが内裏の所有物（一部は保管物）が実質的に貴族社会全体の共有財産として機能していたこと、内裏がモノを通じてそのような公共的機能をはたしていたことなど、御物の貸与と共通する性格も認められる。このようなものがいつ誰によって考案されたのかじつに不思議な気がするが、これもまた中世人の叡智のたまものといえようか。

名物の誕生

さて話を一五世紀の幕府にもどすと、このように貴族たちを何度も困窮から救ってきたであろう将軍家御物も、八代将軍義政のころになると幕府の財政難からついにその放出を余儀なくされる。いわゆる「売物」というかたちでの売却が本格化してゆくのである。その結果、将軍権力は貴族たちの窮地を救うすべを失い、まもなく勃発する応仁・文明の乱による社会の不安定化に加え、公共的機能の遂行という点でも求心性を大幅に喪失していったと考えられる。一方、将軍家が手放した御物は、所々に流出していわゆる「名物《めいぶつ》」を形成することになる。とくに茶の湯の流行にともない、戦国武将や茶人たちによって所蔵された茶器には、御物（茶の湯の世界では「東山御物《ひがしやまごもつ》」とよばれた）に由来するものが少なくなかった。

たとえば本能寺《ほんのうじ》の変で焼失した「天下一の名物」の茶入《ちゃいれ》「つくも茄子《なす》」の伝来について、千利休《せんのりきゅう》の弟子山上宗二《やまのうえそうじ》は次のように記している（『山上宗二記』）。

1　村田珠光《むらたじゅこう》が発見し、（足利義政に進上して）「御物」となった。

2　その後方々に伝わったのち、越前《えちぜん》の朝倉教景《あさくらのりかげ》が五〇〇貫文で手に入れた。

3　同国府中の小袖屋が（教景から）一〇〇〇貫文で買い取った。

4　（小袖屋が）越前の兵乱時に京の袋屋に預けたところ、天文法華《てんぶんほっけ》の乱（一五三六年）で紛失したと称して返却されなかった。

5　松永久秀《まつながひさひで》が思案をめぐらしてそれを入手し、二〇ヶ年所持したのち、織田信長に進上した。

茶器の仲介にかかわった豪商たちが、御物であることを喧伝《けんでん》することによって値をつり上げた面があることも否定はできないが、竹本千鶴《たけもとちづる》が的確に指摘しているように、唐物の諸道具が名物茶器として認識されるようになるには、美しい外見だけでなく由緒も重要であり、その由緒とは究極的には御物であるかそうでないかということであった（『織豊期の茶会と政治』）。

要するに、物は過去の所蔵者の記憶を宿しているのであり、とりわけそれが名物であるとき、その歴代所蔵者に名を連ねることは、現に所持していること以上に重要な意義をもったのかもしれない。マリノフスキがトロブリアンド諸島のクラについて記述したとき、一時的に所有していること、あるいは所有者の一人に名を連ねることに意味があるという点で、ヨーロッパの戴冠《たいかん》式用の宝石やトロフィー・優勝杯などと類似していると指摘したが（『西太平洋の遠洋航海者』）、日本の茶器にもまったく同じことがいえよう。そして、そのことが名物の退蔵を防止し、その流動性を高めた可能性がある。実際、竹本の調査によれば、名物には転々と所蔵者を変えているものが案外多く、また、たんに所蔵されるだけでなく、折々に公開され、使用されていたことも重要だろう。名物とは――これもクラと共通する特徴だが――そのようなコミュニケーション機能をもになわされた特殊な財だったと考えられる。

そもそも名物の原義は、銘をもつ道具ということである。したがって、工房銘の付される刀剣を別とすれば、命名者や命名する権威の所在も問題になってくるが、それらは実際にはなかなか判明しないものの、伝承では天皇や室町将軍が名付け親とされている例が多い。乱世である戦国時代にも官位叙任などのかたちで天皇・室町将軍を頂点とする「礼」の秩序が健在であったことはよく知られているが（石母田正『中世政治社会思想　上』解説）、それと同じ心性が名物の世界にも生きていたのである。

一方、織田信長が茶器に命名をおこなった例は、意外にも知られていないという。名物の創造者たりえた室町将軍とは対照的に、竹本の表現を借りれば、信長は新たな名物を生み出すことなく、すでに名物として価値が認められたものを集めるにとどまった。そこが室町将軍との大きな違いということになるが、それは、一方では千利休らを使って新たな名物を生み出していった豊臣秀吉との違いでもあった。竹本が重視するように、ルソン貿易によって新たに多くの茶壺が将来したことや、本能寺の変によって信長以前の名物の多くが失われたことなどの影響も無論考慮に入れねばならないだろうが、ここには伝統的権威にたいする信長と秀吉のスタンスの違いが端的にあらわれているようにも思われる。つまり伝統的権威を軽視したといわれる信長も、逆にそれを利用したといわれる秀吉も、ともに案外そうではなかった可能性が浮上してくるのである。

とくにそれ以前の権威をリセットしてみずからが新たな価値の源泉になろうとした秀吉の志向は、これみよがしの〝気前のよさ〟とならんで、形成期の権力がもつ天真爛漫《てんしんらんまん》な自信をよく示していると思われるが、一方ではそもそも物に名前をつけるとはどういうことか、その営為自体のもつ意味も探る必要がある。宝物に階層性を認め、高いランクの物に名前をつける習慣はクラにおいても観察されている（ワイナー『譲渡できない占有』）。なるほど考えてみれば、人に人名があり、土地に地名があるのだから、物に固有名詞があっていけないことはない。それは、物が過去の所蔵者の記憶を宿しうるとする観念とともに、人類史に普遍的に認められる営みなのではあるまいか。

2　劇場性と外在性

劇場性への疑問

御物といえば、天皇－将軍間の贈答にも触れないわけにはいかない。それにより内裏御物と将軍家御物のあいだに物的な交流が生まれた点もさることながら、そこには私たち現代人には理解しにくい、しかしおそらく贈与の本質にかかわるであろう不可思議な行動がいくつもみられるからである。

まずは、後花園天皇と将軍足利義教のあいだでおこなわれた二つの贈与に関する事例をみよう。

一四三五年（永享七）四月一七日は内裏で天皇に舞楽《ぶがく》を披露する舞御覧《まいごらん》の日で、義教夫妻も早朝から参内して行事に参列していた。途中酒宴となり、後花園天皇は最初の盃《さかずき》を空けると、みずから酌をとって次の盃を義教の妻三条尹子に勧めた。これに恐縮した義教は、その礼として急きょ黄金づくりの剣「ヒタイタ（ヌ）」を取り寄せて天皇に進上した。

それから二年半がたった一四三七年一〇月一八日、「ヒタイタ（ヌ）」は土倉の蔵のなかにあった。後花園天皇の実父伏見宮貞成親王が糊口《ここう》をしのぐために息子から借りて質入れしたのである。ところが近々室町亭に行幸する予定になっていた天皇は、この剣を義教への手土産にしようと思い立ち、父親にそろそろ返してほしいと催促した。ところが貞成には請け出そうにも先立つものがない。すっかり困りはてていると、察した天皇が五〇〇〇疋を提供し、そのおかげで土倉から請け出し、天皇に返却することができたという。

貞成の『看聞日記』の同日条は、この「ヒタイタ（ヌ）」について「先年舞御覧の時、彼（義教）より進《まい》らせらるる御剣なり」と説明しているから、二年半前に義教から後花園天皇に贈られた「ヒタイタ（ヌ）」と同一物である（「ヒタイタ」か「ヒタイヌ」かは判読不能）。また同記によれば、貞成はこの剣を「両三年」預かっていたというから、義教から贈られてほどなく質に入れられたこともわかる。

これはいうまでもなく前述した御物貸与の一例である。天皇の実父だからかもしれないが、銘をもつ、けっして格が低いとは思えない御物まで貸与の対象とされていたのだ。ただ、ここで注目したいのは別のことである。後花園天皇は義教から贈られた剣を二年半の時を隔てて今度は義教への贈り物にした。つまり、同じ贈り物が同一当事者間を往復しているのである。もちろん、父親の貞成でさえこの剣の来歴を記録しているくらいだから天皇がそれを忘却するはずはない。天皇はそれが義教から贈られたものであることを承知のうえで義教に贈ったのだろうし、おそらく受け取った義教もそれを承知で受け取ったのだろう。つまり双方合意の贈答だったと考えられるのである。

ではなぜそのようなことがおこなわれたのだろうか。

たとえば、義教から天皇への最初の贈与は急きょおこなわれたものであったため、義教は本来手放してはならない秘宝――いわゆる譲渡不可能物――を天皇に贈ってしまった、そこでそのことを察した天皇が行幸の手土産を口実に返却した、そういう解釈はどうだろうか。なるほど支持したいところではあるが、やはり貞成に貸与した事実が邪魔をしている。残念ながらこの推理は容易には成り立ちそうにない。では別の解釈として、天皇はほかに贈るべき品物がないこと、つまり困窮していることを暗に伝えるためにそうしたというのはどうだろうか。これは返却説よりは蓋然《がいぜん》性が高いように思われるが、ただ、より根本的なことをいえば、そもそも同じ贈り物が同一当事者間を往復するような贈答はありえないもの、不自然なものだと決めてかかる発想自体が現代人のものである可能性もあろう。少なくとも貞成の筆致からは、それが異様な行動だという空気はまったく伝わってこない。

もうひとつ別の事例をあげよう。

応仁・文明の乱が終結した一四七七年（文明九）一一月二〇日、天下泰平を祝って後土御《ごつちみ》門《かど》天皇と足利義政のあいだで剣の贈答がおこなわれることになった。ところが適当な剣を所持していなかった天皇は、ひそかに将軍家御物の剣を一本借り出して義政に下賜し、義政から献上された剣を返して埋め合わせるという方法をとった（『兼顕卿記《かねあききょうき》』文明九年一一月一九日条）。結果だけをみれば、将軍家の所蔵する二本の剣が将軍家を出てまたもどっただけの話である。この事例について、私は以前、次のように評したことがある。

彼らにとって、二人が剣を授受するという象徴的な行為さえ演出できれば、その剣がどこから来てどこへ行くのかなどさしたる問題ではなかった。この空虚さ、極端な形式主義こそ、彼らが生きた中世儀礼社会の本質なのである。（『室町人の精神』）

また、この事例を含め、中世の天皇や将軍たちの行動にときとしてみられた劇場性については、

その演劇は世間の人びとに観劇させるためのものであり、同時に彼ら自身が味わうためのものでもあった。

と述べた。これらの理解は、いまも基本的には変わっていないが、ただ、近年の研究は――私自身の反省も込めていうのだが――「世間の人びとに観劇させるため」という側面をいささか強調しすぎてきたように思われる。つまり私が最近思うのは、観客は大勢でなくてもよいのではないか、さらにいってしまえば、誰一人目撃者がいないときでさえ、人は何者かへ

の忠誠心にもとづいて同じことをするのではないかということである。

成熟した儀礼社会

少なくとも一五世紀の日本のような成熟した儀礼社会においては、これみよがしの〝気前のよさ〟や派手すぎるパフォーマンスがほとんど評価されなかったことはまちがいない。それに代わってどう振る舞うべきかは、これもまた将軍の交際のなかに手本がある。

一四三〇年（永享二）一二月二〇日に足利義教がはじめて貞成親王の伏見御所を訪ねたとき、貞成側では一ヶ月半も前から周到なもてなしの準備を進め、当日の立ち居振る舞いについても義教の側近たちと入念な打ち合わせをしていたのだが、無事お開きとなり、義教を見送る段になって貞成はひとつ失敗を犯した。打ち合わせどおり縁に出て義教と別れの挨拶を交わしたまではよかったが、義教が沓脱《くつぬぎ》を降りたときに、貞成も一緒に庭に降りてしまったのである。義教が立ち止まり深く恐縮したのをみて、貞成は我に返って堂上《どうじょう》にもどるのだが、貞成の『看聞日記』にも「事前の打ち合わせでは庭に降りないことになっていたのに、その場に臨んで思わず降りてしまった。過分な礼をとってしまった」と反省の弁が綴《つづ》られている。

後花園天皇の実父でありながら、みずからは天皇になることのなかった貞成は、不遇な時期が長かったせいか、もともと腰の低いところがあったが、それに加え、接待がことのほかうまくいったことに気をよくして思わずサービスしすぎてしまったのだろう。ところがこの礼節については翌日、義教から「私の退出時に庭にお降りになったけれども、あの礼節はよくありませんから、今後はなさらないように」と注意をうけている。義教の父義満ならば、無邪気に喜んで済んだかもしれないが、義教は違った。二人の個性の違いももちろんあるだろうが、私はむしろそこに二人の生きた時代の差をみたい。秩序や身分が安定してくると人は相手を立てることを覚えるのである。

義教と貞成の交際に関してはもう一例紹介しておこう。

貞成は一四三五年（永享七）一二月に京都南郊の伏見から洛中の一条東洞院《ひがしのとういん》に移ったが、その翌年の八月二九日に義教がその新御所を訪問した。貞成側は例によって周到な準備でこれを乗り切ったが、それからちょうど五ヶ月たった三七年正月二九日に、貞成の近臣庭田重《しげ》有《あり》が突然義教の近臣三条実雅《さねまさ》に呼び出されて、義教訪問のときの費用がいくらかかったか、また伏見宮家の総収入はどのくらいあるかとの質問をうけた。重有は「だいたい総収入千四、五百貫のところ、五、六百貫はかかったと記憶しています」と答えたが、その後貞成に確認して「七百六十余貫」と訂正している。

これは直接には三条実雅からの質問というかたちをとっていたが、貞成も「もし公方内々御尋ねあるか」と推察しているように、実質的には義教からの質問と考えるべきである。そして、なぜそのようなことを問い合わせてきたのかといえば、それは義教が貞成にたいする経済的支援、具体的には接待費の補塡《ほてん》を検討していたからにほかなるまい。

私たちの常識からいえば、招待客が接待費や収入まで尋ねてくるなどおよそありえないことであろうし、まして接待費を招待客が負担してしまっては、〝招待〟や〝もてなし〟ではなくなってしまう。そして、事実はそのとおりなのである。多くの贈答儀礼で黒字を計上していた将軍家も、朝廷（天皇・院）にたいする収支だけは明らかに赤字であった。贈与による財の流れは、たいてい低いほうから高いほうへ流れたのである。しかし重要なことは、かりに義教から貞成への経済的支援が実行されたとしても、そのことは公にされることもなければ、このあとの二人の関係にも何ひとつわだかまりを残すものではなかっただろうということである。経済的支援はひそやかにおこなわれ、建前の世界に影響をおよぼすことはない。義教はあいかわらず貞成に最大の敬意を払って接するであろうし、貞成からうけたもてなしや引出物にも深く感謝するであろう。成熟した儀礼社会における権力とは、そのように振舞うのである（桜井「宴会と権力」）。

観客のいない演劇

義教が貞成の接待費を補塡したとしよう。その事実はごくかぎられた者が知るのみで、世間の人びとの目には貞成が自費で義教を歓待したとしかみえない。同様に、天下泰平を祝って後土御門天皇と足利義政のあいだで贈答された剣がどちらも将軍家御物であったなどという事実も、それを伝える日記の記主がたまたま伝奏《てんそう》という要職にいたから知りえたまでで、世間の人びとが知っていたとはとうてい思えない。それが世間に漏れてしまうようでは将軍として失格であり、まして「あの費用は自分持ちだった」と触れまわるなど論外である。ところが将軍権力のパフォーマンス性を重視する近年の研究は——その自覚はあまりないかもしれないが——知らず知らずのうちに将軍権力をそのようなことをしかねない権力としてとらえてしまっているのである。

もちろん中世日本にも衒示的、蕩尽的消費行動がなかったわけではない。すでに触れたように権力形成期の為政者にときどきみられたほか、第2章で触れた祭礼運営方法としての頭役制も選抜者に破滅的な負担を強いた点でたしかに蕩尽的なシステムではあった。ことによるとそれは、一二世紀＝院政期という天皇家のいわば権力形成期にあたり、多少なりとも蕩尽的であった時代の落とし子かもしれぬ。ただ、それが中世全般における典型的な権力や消費のあり方だといってよいかといえば、やはりそれは違うだろう。中世の権力は概して財政的に貧弱で、一般に想像されているよりもはるかに慎ましい存在であったことを認識しておく必要がある（桜井「日本中世における貨幣と信用について」）。

ところで、中世の天皇や将軍たちがときとして演劇的な行動をとったとはいっても、事前に触《ふれ》を出すとか高札《こうさつ》を立てるとかいったような、イベントを告知するための宣伝や広報がなされたわけではなく、あくまでも漏れ伝わるに任せていたにすぎない。要するに客寄せをしなかったのだ。彼らがいったいどの程度の範囲の人びとを観客として想定していたのか——あるいは本当の客などおらず、全員がさくらだったのか——ということは、まじめに考えてみてもよい問題だろう。たしかに将軍は、あるばあいには遠国での評判にも心を砕きながら政務をおこなっていたことが知られるが（いわゆる「外聞」）、通常意識されていた人びとの範囲はそれほど広いものではない。まして実質的な全国支配から遠ざかっていた朝廷の視野はさらに狭く、せいぜい京都の貴族や門跡《もんぜき》たちの目を意識していた程度であった。中世後期の朝廷は、「内部で完結する回路」（高谷知佳《たかたにちか》「室町期の大織冠像破裂《たいしょくかん》」）に閉じこもったのである。

だが、さらにいってしまえば、そのような少数の観客すらいない舞台にも彼らは立ちえたはずである。

青木保《あおきたもつ》は、「儀礼」と「儀礼的行動」とを区別して、次のように説明する。

誰もいなくても一人で祈りをしたり拝礼をしたりする。儀礼的行動は時間と空間とにかかわりなく行なわれる。朝、神棚に向かって手を叩き、夕に仏壇に向かって合掌することから、昼に人に出会っておじぎをしたり握手をしたりすることまで含むわけであるが、こうした儀礼的行動とちがい儀礼は行動として一定の脈絡の中で形成されたプロセスを有する。それは状況に応じた一時的な性質のものではない、ある規則化された行動のプロセス全体を指すものであり、フレームを有し、そのプロセス全体に固有の時間と空間とを要求する。(『儀礼の象徴性』)

これにしたがえば、日ごろの挨拶と明らかな近似性をもつ贈与は、「儀礼」でなく、「儀礼的行動」のほうに分類されることになろうが、「儀礼的行動」は誰の目がなくてもおこなわれるという指摘は、贈与はもちろん、(青木の意図に反して)「儀礼」一般にも広くあてはまるように思われる。おそらく青木は「儀礼」には演劇性を認め、「儀礼的行動」には認めていないのだろうが、密室性の高い「儀礼」も数多く存在することからすれば、一概にそうとはいいきれまい(池上俊一《いけがみしゅんいち》『儀礼と象徴の中世』)。無論、贈与は相手のいることゆえ、たった一人ということはありえないが、それは観客ではなく、共演者ととらえればよいだけのことである。

第2章で私は、贈与というものが贈与者と受贈者の二者だけで完結するものではなく、両者の外部にあって、しかも両者の関係を律していた別の支配者の存在があったこと、その支配者は、広義の「法」とよんでもよいものであり、「例」や「先例」もそこに含まれることを指摘した。「観客のいない演劇」と少々韜晦《とうかい》してみせたのはじつはこのような非人格的な観客・監視者を想定してのことだが、たとえば青木のあげた「誰もいなくても一人で祈りをしたり拝礼をしたりする」というばあいには、おそらく神や祖先の霊が監視者として想像されているはずだから、「行為者の主観にふみこんでなお「誰もいなくても」といいきれるかどうか微妙なところがあろう。中世日本でいえば、一揆を結成するさいの「一味神水《いちみしんすい》」の儀式も、神を立会人にしていた点で同様の性格をもつ。このような「神格」のばあい、厳密にはたしかに「人格」とはいえないかもしれないが、かといって純然たる「非人格」とも異なるだろう。

これにたいし、ある種の贈答の監視者は、より完全な意味で非人格的であったと考えられる。否、贈答だけではない。成熟した儀礼社会では、儀礼はあらゆる人格から超越して、彼らにその遵守を強制する。そこでは最高権力者といえども、儀礼の従僕に徹しなければならず、そこに恣意《しい》的な改変を加えることは許されない。借りてきた剣で贈答がおこなわれたり、同じ贈り物が同一当事者間を往復したりしたのは、第一義的にはそのノルマをはたすためであって、それにくらべれば衆人環視の有無や多寡はおそらく些末な問題にすぎなかった。

たとえば足利義教を見送ろうとして貞成親王が庭に降りたとき、かりに周囲に人がいなかったとしたら義教は注意をおこなわなかっただろうか。断じてそのようなことはない（実際にもこのとき大名や近習《きんじゅう》は別邸にいて、ごく内輪の者が居合わせていたにすぎない）。それは貞成にたいする敬意からであるが、けっして追従《ついしょう》からではない。この敬意はそのようなパーソナルな関係から来るものではなく、より非人格的な「法」からの指令によるものである。それは貞成が誰か別の院に代わったとしても、また義教が誰か別の将軍に代わったとしてもあいかわらず示されねばならない永遠の決まりとしての敬意なのだ。そしてその決まりを守るためならば、将軍は陰ながら資金を援助し、助言を加え、いくらでも黒子《くろこ》に徹したのである。

儀礼の外在性

ただしこれは、相手が最高権威者たる天皇・院だからという理由でおこなわれたわけではない。かりに相手が自分より格下の者であっても将軍は同様の態度をとっただろう。

足利義持・義教二代の将軍に政治顧問として仕えた三宝院満済は、温厚な人柄とすぐれた調整能力によって、将軍だけでなく、諸大名や貴族たちからも広く信頼を集め、その人望ゆえに将軍へのとりなしを人びとから依頼されることも多かったが、そのなかにはとうていそのままでは披露できないような無理難題もあった。そのようなときに満済が発揮したのが、将軍から右のような態度を引き出す機転であった。

一四二五年（応永三二）閏六月、関東公方足利持氏《もちうじ》から京都の足利義持のもとに、持氏と対立して京都に逃れていた甲斐《かい》守護武田信重《のぶしげ》を下国させるようにとの要求があった。義持はこれを認め、幕閣の一人細川満元《みつもと》に信重の説得を命じたが、下国をかたくなに拒んでいた信重の説得は難航した。信重の説得を試みた翌日、満元は満済のもとを訪れ、「昨夕信重を呼び寄せて種々説得してみましたが、信重の答は変わりませんでした。この様子ではいくら説得しても下国させるのは無理でしょう。けれども下国を命じる上意にたいし、露骨にそれを拒否してはまずいので、まずは「畏《かしこ》まりました」と返答するよう信重に指南しておきました」と報告した。すると、満済は「とにかくそのとおり伝えましょう」と答えて、すぐに御所へ出向き、そのとおり義持に伝えた（『満済准后日記』応永三二年閏六月一二日条）。

この短い記事のどこに満済の妙技が隠されているか、おわかりだろうか。問題は、満済が満元の報告のうちどこまでを義持に伝えたかである。満済は、信重が下国を渋っていることだけでなく、満元が信重に「畏まりました」と答えるよう指南したことまで含めて義持に伝えたはずである。そうでなければ、満済の披露は功を奏さない。

似たような例をもうひとつみよう。

一四三〇年（永享二）正月、管領斯波《しば》義淳《よしあつ》は関東公方足利持氏からの使者として二階堂盛《もり》秀《ひで》が来月京着するとの情報を得て、そのことを内々義教に披露するよう満済に依頼してきた。義持が没して義教が家督を継ぐと、持氏はふたたび京都の幕府にたいして敵対的な態度をとるようになっていたが、関東シンパで当の盛秀ともかなり親しかったらしい義淳は、個人的な情報網を通じて盛秀上洛のスクープをいち早く入手したのだろう。ところが事は重大事である。それに義淳と関東との親密すぎる関係も憂慮したのか、満済は「不用意には披露できない」と義淳に返答した。では、満済がこの件を義教に披露しなかったのかといえばそうではない。「義淳からこの件を披露するよう依頼されましたが、「不用意には披露できない」と返答しておきました」と、満済はそこまで含めて義教の耳に入れたのである（同、永享二年正月二五日条）。

披露を拒否した事実を披露することによって、間接的に依頼者の意思を伝える、これならば無理難題を突きつけた依頼者も、それを将軍に取り次いだ満済も、ともに叱責《しっせき》を免れる。それがこの言いまわしのもつ最大の効果であった（桜井「披露の達人」）。武田信重の下国問題のばあいも、下国を嫌がる信重の本音は何としても義持に伝えねばならなかったが、そのことによって信重が上意違背の罪に問われたり、細川満元が叱責をうけたりする事態も同時に避けねばならない。満済はそのすべてをクリアする方策として、さりげなく義持に内幕を明かしたのである。

このような対話が成り立つためには、披露する側の機転もさることながら、相手もまたそれを汲《く》みとれるだけの共通の価値観と察しのよさをもちあわせていなければならない。内幕を知らされてたやすく腹を立てるような相手では、このような対話は成り立たない。見て見ぬふりのできる度量の持ち主でなければ将軍もつとまらないのだ。

武田信重の下国問題に立ちもどると、信重はまもなく細川満元の指南どおり「畏まりました」と義持に正式な回答をおこなったことだろう。だが、この言葉が信重の真意でなく、細川満元の指南にしたがって発せられただけの空虚な言葉であることを、義持は満済から聞いて知っている。知っていながら義持はこの「畏まりました」をうけいれねばならない。将軍もまたこの建前に仕える一従僕にすぎなかったからである。

この建前の世界を当時の人びとは「外様《とざま》」とよんだ。それはそもそも将軍や幕閣といった特定個人の利益や名誉に奉仕するものではなく、諸個人の外にあって諸個人間の関係を整序しているものであった。あえて誰のためのものかと問われれば、彼らが帰属していた組織全体のためのものだったというほかはあるまい。そこには主従関係のようなタテの構造にはかならずしも回収されない、それとはまた別の論理が働いている。そこでは将軍も幕閣も、ともに与えられた配役を何食わぬ顔で演じなければならない。「観客のいない演劇」たるゆえんである。だが、少なくともこの外在性・超越性は、秩序を秩序として人びとに受容させるうえで不可欠の要件をなしていたと考えられる。そして具体的な公儀の「法」、たとえば戦国大名の分国法などが成立するさいにも、この仮想の舞台、抽象的な広義の「法」空間が重要な生成のトポスを提供していた可能性がある（桜井「中世史研究と贈与論の射程」）。

時代はやや降って、一五七四年（天正二）九月の薩摩《さつま》国鹿児島城下、国衆《くにしゅう》の入来院《いりきいん》重豊《しげとよ》から大名島津義久《よしひさ》のもとに木練柿《こねりがき》が贈られてきた。その使者をどの部屋で義久に対面させたらよいか、取り次いだ奏者が家老たちに確かめると、「年始・歳末・八朔といったハレの使者とは違うのだから、毎朝の家臣の出仕を義久が観覧する部屋から通せばよかろう」との指示を得た。ところがその後、奏者のもとに義久からじきじきの使者があり、「それは家老の失念である。国衆からの使者は対面所の長押《なげし》の上で謁見させるように」との命があった（『上井《うわい》覚兼《かくけん》日記』天正二年九月五日条）。この種の話はいつの時代にも、また日本にかぎらず、世界中にもおそらくいくらでもあるにちがいない。しかし、めずらしくないためにかえってきちんとした説明がなされていないということも往々にしてありうるのだ。上に立つ者がなぜこのような気働きをみせるのかという問題は、哲学的な意味での「疎外」の問題とも深くかかわっているが、儀礼を解読するカギはむしろそういうところにこそ潜んでいるといえよう。

3　土地・労働・時間

贈与の歴史をたどってきた旅もそろそろ終わりに近づいてきたが、紙数が尽きる前に、残されたいくつかの問題群について整理し、今後の贈与および贈与史研究の可能性を探っておくことにしたい。

そのひとつは、これまであえて触れてこなかった土地の贈与の問題である。とりわけ法学や法制史の分野で贈与といえば、本書で主に扱ってきた動産の贈与よりも、まずは不動産＝土地の贈与を思い浮かべる人が多いことだろう。ただ実際には、動産・不動産にかかわりなく、贈与に関する立法自体はきわめて少ない。実態はどうあれ、少なくとも建前上は任意の行為であるところの贈与は、いつの時代にも法文で規定されることにあまりなじまなかったのだろう。

そのようななか、中世の贈与に関する数少ない法理として知られているものに他人和与法《たにんわよほう》とか和与物不悔還の法理とよばれているものがある。「他人和与の物、悔《く》い返《かえ》（還）すべからず」というのがその主旨だが、「和与」とは（他人に）贈与することをいい、「悔い返す」とはいったん譲渡した物をとりもどすことをいう。たとえば親は子に譲った財産をいつでも悔い返せるのが中世法の原則であったが、それとは対照的に、他人に贈与したものは悔い返すことができないとするのが他人和与法である。『御成敗式目《ごせいばいしきもく》』第一九条は、所領を贈与された者がその恩顧を忘れて贈与者の子孫に敵対したばあいには、その所領は贈与者の子孫に与えるとして、他人和与法に一定の制限を加えたが、全面的に否定したわけではないところにこの法の社会的定着度の高さがみてとれるという（笠松宏至『徳政令』）。

近代に目を移すと、ドイツ民法は『御成敗式目』と同様、忘恩による贈与の撤回や贈与物の返還を認めているのにたいし、日本民法はいかなる理由によっても贈与の撤回を認めておらず、また、贈与契約に定まった方式を要求していないなど、西欧諸国にくらべて贈与の保護が厚いことが知られている。そしてその理由を、来栖《くるす》三郎《さぶろう》は、

欧大陸諸国の贈与法の基礎を為《な》している贈与観は贈与を好意とみている。これに対して日本の贈与法の基礎を為している贈与観は贈与を義務義理乃至《ないし》恩より生ずる義務とみたが故に、贈与はしようとしまいと自由だ、それをしてくれたから贈与を受けた者は贈与者に感謝すべきだということにはならない。むしろ、義務からにせよ恩からにせよ、贈与者側で贈与しなければならない義務があると意識しているからこそ贈与するのである。贈与するしないはどうでもいいのではない。だから贈与は無償だとて軽視すべきではないのである。（「日本の贈与法」）

と日欧の贈与観の違いから説明している。

これにたいし、笠松宏至は、近世以降の社会ではこうした「なさねばならない贈与」が一般的であったことを認めつつも、中世の和与はそうではなく、やはり自発的な「好意」を出

発点にしていたとみている。鎌倉幕府法や『法曹至要抄《ほっそうしようしよう》』『沙石集《しゃせきしゅう》』など、当時の法や法書、説話集等が純粋な「志」や「芳心《ほうしん》」を和与の法的条件として重視していることに注目しての見解だが、その一方で他人和与法を成立させていたものはモースの「第三の義務」、すなわち返礼の義務であったとも述べている。つまり受贈者は贈与がおこなわれたときから、その恩に報いるべく、贈与者にたいしてさまざまな返礼をしつづけるのだから、そのあげくに悔い返されては、それまでの報恩行為は裏切られたことになってしまう。そこに他人和与法の根拠があったのではないかと笠松は推測している。

笠松の見解も贈与＝好意観と贈与＝義務観のあいだを揺れ動いているようにみえるが、あるいはここに動産贈与と不動産贈与の微妙な差を認めるべきなのかもしれない。つまり、義務というだけでなく、相当の好意がなければ人は不動産にまでは手をつけない、動産贈与のある種の気軽さにたいして、それが不動産贈与のハードルの高さなのだと解すれば、好意と義務の対立はさほど大きな問題とはならないだろう。中世日本において土地の贈与はまさに最高の贈与であったがゆえに、それは御恩と奉公からなる封建制度（最近は好まれない用語だが）において最大の御恩となりえたのではなかろうか。

このように同じ贈与でも動産のそれと不動産のそれとのあいだには微妙な違いがあったとみられるが、もちろん物と土地とを貫く共通の論理というものもあった。たとえば物が過去の所蔵者の記憶を宿しうると前に述べたが、その点は土地と本主＝元の土地所有者のあいだに強い結びつきを認めた徳政の観念とも通底している。

　けれども動産贈与と不動産贈与の違いは「和与」という語ひとつにもあらわれる。現代語の「贈与」が物の贈与にも土地の贈与にも等しく用いられるのにたいし、中世の「和与」は物の贈与にはほとんど用いられることがなかった。たしかに「他人和与の物、悔い返すべからず」というときの「物」は、本来、物と土地の双方を含んでいたはずだが、実際の用例は圧倒的に土地の贈与に集中している。そしてそれは、動産贈与が不動産贈与と違ってそもそも裁判になりにくかったことに関連している（「和与」は日常語でなく、明らかに訴訟用語であった）。動産は、多くのばあい占有がそのまま所有となり、贈与のさいにも証文がつくられることはまれであったから（平山行三《ひらやまこうぞう》『和与の研究』）、その動産を現に占有している者にたいして訴訟をおこしたとしても、ほとんど勝ち目がなかっただろうことは想像にかたくない。

　物と土地の違いは債権にもあらわれる。室町幕府法には動産質の請け出し期限を、米穀・雑穀は七ヶ月、絹布類・絵衫物《えさんもの》・書籍・楽器・具足・家具・雑具は一二ヶ月、盆・香合・茶椀物や花瓶・香炉以下の金物は二〇ヶ月、武具は二四ヶ月と定めた規定があり、この期限の長いものほど本主の魂を宿しやすい動産であるとの推定はできるものの、それでも本利を支払わねば流れてしまうことに変わりはなかった。その点は、中世において質流れが制約されていたことを力説する井原今朝男の研究においても、もっぱら不動産の質流れ制限のみが扱われ、動産にはほとんど言及がないことからも明らかであろう（『中世の借金事情』）。一般的にいって、物にたいする本主権は土地にたいするそれよりも脆弱《ぜいじゃく》であったとみてまちがいないが、だからこそ人は過去の所蔵者の名をその物に刻みこんだうえで流通させる道を選んだともいえようか。

労働贈与

贈与には物でも土地でもなく、労働によってなされるものもある。アメリカの経済学者ケネス・E・ボールディングは、このような「労働贈与」（labor grant）の動機として、①個人的な満足、②善意、③貢ぎ物としての労働＝かくれた租税の三つをあげている（『愛と恐怖の経済』）。このうち①と②は現下の震災ボランティアの問題ともかかわるが、③はむしろ歴史のなかに多くの事例を見出しうる。ボールディングは、それが「かくれた租税」であるゆえんとして強制的な兵役における低賃金と魅力的な賃金水準との差額をあげ、ほかにも中世フランスの賦役《ふえき》、旧ソ連の奴隷労働収容所、囚人の強制労働、義務教育等々を例示しているが、要は自発性に乏しい搾取的労働――意図していないにもかかわらず結果的に贈与させられているケース――がここに含まれる。

日本に関していえば、中世から近世にかけて建築・土木工事などのさいに賦課された労役である夫役《ぶやく》や国役《くにやく》がこれに近いが、ただし、そのさいにも食料や賃金は支給されるのが原則であった。しかもそれらの労役は無制限に賦課できたわけではなく、一定限度以上の労働力は大名・領主といえども雇用によって確保しなければならなかったことが知られるから、搾取としての側面は、皆無ではないにしても、比較的小さかったといえる（大山喬平《おおやまきようへい》『日本中世農村史の研究』、池上裕子《いけがみひろこ》『戦国時代社会構造の研究』）。

労働と贈与の関係に関連してもうひとつ注目されるのが労働力価格の問題である。中世には、物の価格と労働力・サービス価格とではその決定メカニズムが根本的に異なっていたことが明らかになってきている。物の価格は基本的に需要–供給バランスによって決定されており、その点では現代とあまり変わらないのにたいし、労働力・サービス価格は硬直的で需要–供給バランスの影響をほとんどうけなかったのである（桜井「中世における物価の特性と消費者行動」）。

労働力・サービス価格が物の価格よりも硬直的だというのは、近代でもある程度はいえることだが、中世ではそれがかなり極端であり、たとえば旅籠賃《はたごちん》などは、米価がいくら変動しようが、数世紀にわたって一泊二食付き二四文と固定したままであった。

このような現象は短期的にもあらわれ、たとえば建築職人の一日の労働時間は、昼夜の長さに規定されて夏に長く、冬に短くなるが、賃金は一年を通じてつねに一定だった。同じ賃金を支払っているのに、夏は冬よりも長時間職人を働かせることができたわけだから、中世には実質的な労働力価格は夏に下落したのである。したがって雇い主にとっては、建築工事をおこなうなら夏が断然有利だったことにもなる。

私たち現代人の常識からすれば、建築工事が集中すれば労働力需要が増加するから、賃金も上昇してよさそうなものだが、中世にはそういうことはおこらなかった。労働力価格は需要ー供給バランスの影響をうけなかったからである。ところが、建築資材のほうは工事の集中にともなって、夏になると価格が上昇した。物の価格は労働力価格とは違って、需要ー供給バランスの影響をうけたからである。

京都大徳寺《だいとくじ》の塔頭《たっちゅう》である真珠庵《しんじゅあん》に、いろいろな物資の購入時期を定めたおもしろい掟書《おきてがき》が残されているが、そのなかに「屋根葺《ふき》工事は八月中におこなえ、ただし屋根葺に使う板は七月中旬以前の安値の時期に購入せよ」という規定が出てくる（『真珠庵文書』永禄《えいろく》八年〔一五六五〕八月日真珠庵衆議定書）。まず屋根葺工事を八月中におこなえといっているのは、それがまさに実質的な労働力価格が下落する時期にあたるのと、もうひとつは、好天が続く時期でもあるからである。それにたいし、板を七月中旬以前の安値の時期に購入せよといっているのは、建築資材の価格は、労働力価格とは違って、工事の集中にともなって高騰するから、その前に調達しておけというわけである。ここに物の価格と労働力・サービス価格の決定メカニズムの違いが端的にあらわれていよう。

ではなぜ中世の賃金は需要－供給バランスの影響をうけなかったのだろうか。私は、中世における賃金支給がしばしば「酒直《さけじき》」「禄」といった贈与名目でおこなわれていたことに注目している。つまり、中世段階では労働力がいまだ完全な商品化をとげておらず、それゆえに賃金も厳密な労働時間を考慮せず、一種の贈与（もしくは労働という贈与にたいする返礼）として支払われるにとどまったのではないかということである。

もちろん、中世の賃金メカニズムのすべてが贈与原理だけで説明できるとは思わない。労働力の再生産に不可欠な食糧や、賃金として支給され、かつ食糧との交換に使用される貨幣の動向とも当然のことながら深い相関関係を有していた。それらがどのように紡がれてひとつの賃金メカニズムや労働観に結びついていたのかを解明することが不可欠である。

ただし、労働力の商品化という現象は未開から文明への過程でただ一度おこった跳躍というわけではなかった。なぜなら、中世人の知らなかった時間給を古代人は知っていたからである。少なくとも律令法では昼の長さに応じて、夏は「長功《ちょうこう》」、春と秋は「中功《ちゅうこう》」、冬は「短功《たんこう》」というように、季節ごとに異なる賃金を支給するよう規定しており、古代には――たとえそれが中国からの直輸入だったとしても――中世と違って時間給の発想があった。それが中世に入るとなぜ消えてしまったのか、そしていつどのように復活して現在にいたるのか、そこに刻まれているのはけっして単線的ではない、よりダイナミックな、そしてときに〝くり返される〟歴史であろう。

時間の歴史学へ

物理的な時間の流れは不変であっても、時間にたいする人びとの感じ方は一様ではない。古代人や中世人は、生活リズムや、おそらくは生きるペースそのものが現代人と大きく違っていた。

実際、中世の人びととの返礼は概して遅かった。八朔のように日時の決まった年中行事的な贈答儀礼は別だけれども、そうでないばあいには、とりわけ遠距離になると、交通手段の未発達というハンディを考慮してもなお、返礼がなされるまでにかなりの時間がかかっていた。何しろ蝉時雨《せみしぐれ》のなかを平気で年始の返礼が飛び交っていた世界である。それがあまりにも遅いようだと、贈与者は自分の贈り物に何か問題があった可能性を疑う必要が出てくるわけだが、どのくらい待たされれば「あまりにも遅い」と感じるのか、そのタイミングが私たち現代人にはなかなか測れない。

前近代の人びとがいったいどのような時間観念のもとで生活していたのかを想像するのは

きわめてむずかしいことである。たとえば前近代には定時法と不定時法という二つの時刻制度があり、近世の人びとは一般に不定時法のもとで生活していたことが知られている。これは日の出・日の入りを固定点として昼間と夜間を別個に六等分する方法であり、春分と秋分にはちょうど一二等分になるものの、それ以外の季節には同じ一時《いっとき》でも昼と夜とでその長さが異なるしくみである。夏至には昼間の一時が約二時間二〇分であるのにたいし、夜間の一時は約一時間四〇分であり、冬至にはその逆になるわけだが、このような伸縮する時間のもとでの生活を私たちは容易には想像できない。これに似たものとして現代にもサマータイムという制度があり、私もたまたま海外で経験したことがあるが、夕日もまだ沈みきっていない午後七時が翌日から急に午後八時になるというのはたしかに奇妙な感覚ではあるものの、それはあくまでも一時間早まるだけであって一時間の長さが変わるわけではない。

中世の時刻制度についてはさらに不明な点が多いが、かりに不定時法がおこなわれていたとすると、労働時間の長短はどのように実感され、評価されていたのだろうか。夏に長く、冬に短いというのはあくまでも定時法的な表現であって、不定時法で表現すればたしかに夏も冬も変わらないことになる。硬直的な中世の賃金体系には、このような不定時法的発想が何らかの作用をおよぼしていたのだろうか。

旧暦、すなわち太陰太陽暦も現代人の目からみれば不便このうえないものである。太陰太陽暦とは、月の満ち欠けにもとづいて暦（太陰暦）を編んでいき、太陽暦とのズレが一定の大きさに達すると閏月を入れて調整をはかる暦法である。とりわけ農業従事者にとって農事暦と一致するのは太陽暦のほうだから、太陰暦的要素は魚の小骨のような厄介者であったかもしれないし、年によっては立春が年末に来たり、年初に来たりと最大で一ヶ月も移動するような暦では、日にちをみてそろそろ桜の花の咲くころだと判断することもままならない。太陰太陽暦のようなおよそ季節感に乏しい暦を用いながら、前近代の人びとはどうやって時間的漂流を免れ、〝いま〟を確保していたのか、これもまた大きな謎としなければならない。

昔の人びとは寿命が短かった分だけ早熟だったとか、密度の濃い人生を送っていたにちがいないといった声を聞くこともときどきある。なるほど彼らが早熟だったことはまちがいなさそうだが、密度の濃い人生という点はどうだろうか。人間の活動を規定する科学技術や情報の未発達に加え、贈答にみられたような悠長さを考慮しても、彼らが寿命の短さを埋め合わせるほど活動的であったとは考えにくい。やはり私たち現代人のほうがはるかに宵っ張りだし、よく働き、よく遊び、そして何よりも長く生き、そのかぎりにおいて一生のあいだにより多くのことをなしとげられることは、ほとんど疑う余地がないように思われる。ただその反面、年間三万人もの自殺者を出してしまう病理も現代日本社会は抱えている。アクティブであることは本当に美徳なのか、ゾウやネズミのように人間にも生物学的に適正なペースというものがあるのなら、社会全体としてそこに立ち帰る努力も必要なのではあるまいか。

おわりに

「はじめに」で述べたように、本書では、人類の中長期的な歴史を「物質文明」「市場経済」「資本主義」という三層構造でとらえたフェルナン・ブローデルの視座を参考にして日本の贈与の歴史をひもといてきた。しかし、これもやはり「はじめに」で述べたことだが、本書で扱った自由奔放な贈与の振る舞いとは、さしずめ「資本主義」に相当する最上層での出来事であり、同時代におこなわれたすべての贈与を網羅しているわけではない。下層にはおそらく現在まであまり大きな変化もこうむらずに連綿と続いてきた純朴な贈与行動があり、そして本書はそれらについては多くを語っていない。また、私の本来の専門分野である日本中世史では近年、社会のさまざまな場面でやりとりされていた礼物・礼銭の機能——これらは三層構造のうちのほぼ中層に相当しよう——に関心が集まっているが、これらの問題もあえて捨象した。その重要性については多くの研究がすでに指摘していて、新たに付け加えるべきことは少ないと判断したからである（ただし〝気前のよさ〟をめぐる第4章1の議論はこの問題に資するところがあろう）。

このように関心自体がかなり限定されていたこともあって、本書における叙述の大半は中世後期、とりわけ一五世紀の約一〇〇年間に集中することになった。なぜなら、それはまさに「贈与の最盛期」（平山行三『日本における動産贈与の慣行』）であり、贈与が日本史上もっとも異様な発達をみせた時代だからである。

この一〇〇年間を、日本人のコミュニケーションや儀礼の歴史のなかにどう位置づけたらよいかという問題はなかなかにむずかしいが、あるいは源了圓《みなもとりょうえん》にならって「冷たい義理」が卓越した時代とみることも不可能ではないかもしれない。源は「情的でパーソナルな人間関係において成立する心情道徳」を「暖かい義理」とよび、それにたいし、「お義理である」というばあいのように「われわれの心に、あるやりきれなさを感じさせる制裁力や拘束力をもつ社会規範や習俗という意味の義理」を「冷たい義理」とよんだ（『義理と人情』）。源は「冷たい義理」が発生してくるのは近松よりものちの時代と考えたが、実際には近松よりはるか昔にもそれは存在したのである。ただし、中世の人びとがそこに「やりきれなさを感じ」ていたとはかならずしも思えないが。

青木保なら「儀礼の内旋《ないせん》」とよぶところだろう。青木はこの概念について、儀礼が文化形式として磨き上げられ洗練してゆくにつれて、その内容と形式を精緻《せいち》にしてゆくに従って、限られた型しか示さなくなり、変化に鈍くマンネリズムに陥る。儀礼本来の「反省作用」を忘れてしまい、同じ行為のルーティン化した〝反復〟に終始するようになる。内旋には、内容や形式の洗練と精緻化という方向と、閉鎖的に停滞化する方向とがいつも同居している。儀礼が「退屈」になるのは、この理由による。それは儀礼の頽廃《たいはい》と結びつく。（『儀礼の象徴性』）

と解説する。もっとも一五世紀の贈答儀礼は「マンネリズムに陥」り、「ルーティン化した」おかげで財源化が可能になったわけで、そこには「儀礼の頽廃」に直面してもただではおきない中世人のしたたかさをみることができるが、たしかにその負の側面を強調すれば「儀礼の内旋」とよべないこともあるまい。だがそれをいいはじめたら、未開社会ならともかく、ある程度文明化した国家や社会において内旋していない儀礼がはたしてあるだろうかということにもなる。しかもそれは、別に末期的症状としてではなく、ほとんど最初から儀礼につきまとっている現象ではないだろうか。

ともかく「冷たい義理」にせよ、「儀礼の内旋」にせよ、そうした一面があることを否定するつもりはないが、ここではもう少し別の面に目を向けよう。

贈与本来の意義が、人と人、集団と集団が良好な関係を持続してゆくためのコミュニケーション手段であったとすると、中世の贈与（の一部）がそこからかなりかけ離れたところまで行ってしまったことは否めない。中世の人びとは、まるで贈与原理という小舟に乗って、いったいどのくらい遠方まで旅ができるかの実験をしていたかのようである。その意味で、彼らの知的好奇心と応用力にはたしかに瞠目《どうもく》すべきものがあった。彼らは一五世紀の末から一六世紀のはじめごろ、ひとまずその航海を終えるわけだが、その後も日本の贈与が義理や虚礼、賄賂といった負のイメージをまといつづけてゆくのはやはりその旅の記憶なのだろう。そこにキリスト教の精神に裏づけられた欧米の贈与との違いもあるのだろうが、では日本の贈与には本当に未来を切り開く力はないのだろうか。

贈与の広がりをブローデルのような垂直軸ではなく、水平軸でとらえる考え方もある。親子兄弟など近しい肉親間でおこなわれる贈与は、いわゆる自発的な贈与、利他的な贈与、惜しみなく与える無償の贈与であり、返礼を期待しない。極端な、しかしわかりやすい例としてよく引かれるのが母親の授乳である。マリノフスキはこれを「純粋な贈与」(pure gift) とよんだ。その外側の中間的な領域ではいわゆる返礼の義務をともなう「義務的な贈与」が展開され、もっとも外側の辺境的な領域、まさに共同体の尽きるところでは商業的な交換が展開されるが、本書が対象とした贈与の多くは、主に最後の二つ、つまり贈与と商業の境界線上で展開されたものであることがわかるだろう。

同心円のもっとも内側で展開される「純粋な贈与」は、通常ならほぼ家族の範囲内でおこなわれるものであるが、災害などがおこると人びとの贈与衝動とでもよぶべきものが刺激されて「純粋な贈与」の領域が拡大し、もともと「義務的な贈与」の領域に属していたところまで「純粋な贈与」の領域に塗りかえられてしまう。いわゆる〝助け合い〟の拡大である。しかしその膨張した領域はいつまでも「純粋な贈与」の領域にとどまっているわけではない。そのときには「純粋な贈与」であったかもしれないが、無意識にもせよ贈与者には債権意識が、受贈者には債務意識が植えつけられているのであり、だからこそのちに回顧される段になると——それは返済のチャンスが訪れると、といいかえてもよい——人びとは遡及的《そきゅう》に〝あのときの恩返し〟を口にするのだろう。このような〝あるとき払い〟の精神は、まんざら捨てたものでもないかもしれない。

日本の贈与の歴史が私たちに教えてくれているのは、他人との限界的な付き合い方であり、それはつまり身近な人ではなく、もっとも遠い人との付き合い方である。それは現代人が苦手にするところであろうが、中世の人びととてけっして器用とはいえなかった。それは私たちにとって、ひとつの救いでもあろう。

あとがき

木村史彦氏から中公新書の執筆を依頼されたのはもう一〇年以上も前のことである……と書き出してはみたものの、じつのところ、それが正式な依頼といえるほどのものであったのかどうか、記憶が定かでない。「そのうち新書でも書いてください」程度の話だったような気もするが、まもなく高橋真理子氏が正式な担当者に決まり、あとへは引けなくなった。

当の木村氏は数年前に退職され、担当者もこの間に高橋氏から小野一雄氏、白戸直人氏、高橋氏（再）と交代したが、原稿のほうはさっぱりであった。最初の数年はもう二、三年ぐらいしてから書きはじめればよいだろうという腹づもりでいたが、あとの数年は別の大仕事が入って研究どころではなくなってしまったのである。

事情はどうあれ、よくもまあ長いこと待たせてしまったものだと恥じ入るばかりだが、さらにいえば、異動でいったん担当を外れていた高橋氏がふたたび新書編集部にもどってこなければ、あるいはまだ延滞を続けていたかもしれぬ。高橋氏を一度ならず二度までも虚《むな》しく異動させるわけにはいかない、という一念が執筆を開始するスターターになったことは否定しがたいからである。はたせるかな、この一〇月一日付で高橋氏は別の部署に異動になった。本書は新書編集部での最後の仕事だと聞く。私はまさに滑り込みで債務不履行を免れたのであり、あと一歩原稿が遅れていたらと考えると空恐ろしくなる。

内容は、一九九八年五月の『思想』八八七号に寄稿した論文「日本中世の贈与について」を土台に、その後発表したいくつかの論文の内容を加味して再構成したものである。本当ならもっと研究を深められていたはずだという忸怩《じくじ》たる思いが強く、散々待たされた結果がこの程度かという歴代担当者の嘆きも聞こえてきそうだが、いまはしばし、ようやく肩の荷を降ろした安堵感に浸ることを許していただきたい。

最後になったが、辛抱強く待ちつづけてくださった高橋氏をはじめとする歴代担当者の方々にあらためてお詫びとお礼を申し上げたい。そして、誠実で優秀な編集者を育て上げられた中央公論新社と木村氏ら同社のOB諸氏にも心より敬意を表したい。これほど著者へのケアの行き届いた出版社を私は知らない。先人より能力において劣り、プライドにおいて勝る人や組織がとかく増えているいま、これは真に誇ってよいことだと思う。

二〇一一年一〇月一七日

桜井英治

参考文献

青木保『儀礼の象徴性』岩波現代文庫、二〇〇六年
阿部謹也『「世間」への旅――西洋中世から日本社会へ』筑摩書房、二〇〇五年
網野善彦『日本中世の民衆像』岩波新書、一九八〇年。その後、『網野善彦著作集8　中世の民衆像』岩波書店、二〇〇九年、に再録
網野善彦『日本中世の百姓と職能民』平凡社選書、一九九八年。その後、『網野善彦著作集8　中世の民衆像』岩波書店、二〇〇九年、に再録
網野善彦『日本中世都市の世界』ちくま学芸文庫、二〇〇一年。その後、『網野善彦著作集13　中世都市論』岩波書店、二〇〇七年、に再録
安藤優一郎『徳川将軍家の演出力』新潮新書、二〇〇七年
池上俊一『ヨーロッパの中世8　儀礼と象徴の中世』岩波書店、二〇〇八年
池上裕子『戦国時代社会構造の研究』校倉書房、一九九九年
石田晴男「『天文日記』の音信・贈答・儀礼からみた社会秩序――戦国期畿内の情報と政治社会」『歴史学研究』六二七号、一九九一年
石母田正『日本の古代国家』岩波書店、一九七一年。その後、『石母田正著作集3　日本の古代国家』岩波書店、一九八九年、に再録

石母田正「『中世政治社会思想　上』解説」『日本思想大系21　中世政治社会思想　上』岩波書店、一九七二年。その後、『石母田正著作集8　古代法と中世法』岩波書店、一九八九年、に再録
伊藤幹治『贈与交換の人類学』筑摩書房、一九九五年
井原今朝男『日本中世の国政と家政』校倉書房、一九九五年
井原今朝男『中世の借金事情』吉川弘文館、二〇〇九年
今谷明『室町幕府解体過程の研究』岩波書店、一九八五年
入間田宣夫『百姓申状と起請文の世界――中世民衆の自立と連帯』東京大学出版会、一九八九年
ヴェブレン、T『有閑階級の理論』高哲男訳、ちくま学芸文庫、一九九八年
榎原雅治「中世後期の社会思想」、宮地正人他編『新体系日本史4　政治社会思想史』山川出版社、二〇一〇年
遠藤基郎「中世における扶助的贈与と収取」『歴史学研究』六三六号、一九九二年
大田由紀夫「一二―一五世紀初頭東アジアにおける銅銭の流布――日本・中国を中心として」『社会経済史学』六一巻二号、一九九四年
大津透『古代の天皇制』岩波書店、一九九九年
大山喬平『日本中世農村史の研究』岩波書店、一九七八年
小野清『史料徳川幕府の制度』新人物往来社、一九六八年
筧雅博「饗応と賄」『日本の社会史4　負担と贈与』岩波書店、一九八六年
筧雅博「「内々」の意味するもの」、網野善彦他編『ことばの文化史　中世4』平凡社、一九八九年
笠松宏至『日本中世法史論』東京大学出版会、一九七九年
笠松宏至『徳政令――中世の法と慣習』岩波新書、一九八三年

笠松宏至『法と言葉の中世史』平凡社ライブラリー、一九九三年
笠松宏至『中世人との対話』東京大学出版会、一九九七年
勝俣鎮夫『戦国法成立史論』東京大学出版会、一九七九年
勝俣鎮夫『一揆』岩波新書、一九八二年
勝俣鎮夫『戦国時代論』岩波書店、一九九六年
勝山清次『中世年貢制成立史の研究』塙書房、一九九五年
金子拓『中世武家政権と政治秩序』吉川弘文館、一九九八年
金子拓「室町期における弘安書札礼の運用と室町殿の立場」『日本歴史』六〇二号、一九九八年
カントローヴィチ、E・H『王の二つの身体（上）（下）』小松公訳、ちくま学芸文庫、二〇〇三年
ギアーツ、C『インボリューション――内に向から発展』池本幸生訳、NTT出版、二〇〇一年
来栖三郎「日本の贈与法」、比較法学会編『贈与の研究』有斐閣、一九五八年
河内祥輔「朝廷・幕府体制の成立と構造」、水林彪他編『比較歴史学大系1　王権のコスモロジー』弘文堂、一九九八年
ゴドリエ、M『贈与の謎』山内昶訳、法政大学出版局、二〇〇〇年
五味文彦『院政期社会の研究』山川出版社、一九八四年
斎藤真妃「中世貴族間における衣服貸借について」『道歴研年報』七号、二〇〇七年
酒井信彦「「諸礼」の成立と起源」『日本歴史』四二六号、一九八三年
桜井英治『日本中世の経済構造』岩波書店、一九九六年
桜井英治「折紙銭と十五世紀の贈与経済」、勝俣鎮夫編『中世人の生活世界』山川出版社、一九九六年
桜井英治「日本中世における貨幣と信用について」『歴史学研究』七〇三号、一九九七年

桜井英治「日本中世の贈与について」『思想』八八七号、一九九八年
桜井英治「「御物」の経済――室町幕府財政における贈与と商業」『国立歴史民俗博物館研究報告』九二集、二〇〇二年
桜井英治「備蓄銭に関する二つの史料」『出土銭貨』一七号、二〇〇二年
桜井英治「中世における物価の特性と消費者行動」『国立歴史民俗博物館研究報告』一一三集、二〇〇四年
桜井英治「披露の達人」『山梨県史のしおり』資料編5中世2下、二〇〇五年
桜井英治「中世史研究と贈与論の射程」『九州史学』一四五号、二〇〇六年
桜井英治「宴会と権力」、小野正敏他編『考古学と中世史研究5 宴の中世――場・かわらけ・権力』高志書院、二〇〇八年
桜井英治『日本の歴史12 室町人の精神』講談社学術文庫、二〇〇九年
桜井英治・中西聡編『新体系日本史12 流通経済史』山川出版社、二〇〇二年
佐藤進一『日本の歴史9 南北朝の動乱』中公文庫、一九七四年
サーリンズ、M『石器時代の経済学』山内昶訳、法政大学出版局、一九八四年
清水克行『日本神判史――盟神探湯・湯起請・鉄火起請』中公新書、二〇一〇年
下坂守『中世寺院社会の研究』思文閣出版、二〇〇一年
鈴木彰『平家物語の展開と中世社会』汲古書院、二〇〇六年
瀬田勝哉『洛中洛外の群像――失われた中世京都へ』平凡社、一九九四年
薗部寿樹『日本中世村落内身分の研究』校倉書房、二〇〇二年
高谷知佳「室町期の大織冠像破裂――中世における宗教的法理の射程」『法学論叢』一六七巻三号、二〇一〇年

竹本千鶴『織豊期の茶会と政治』思文閣出版、二〇〇六年
デュルケム、E『宗教生活の原初形態（上）（下）』古野清人訳、岩波文庫、一九七五年
富澤清人『中世荘園と検注』吉川弘文館、一九九六年
豊田武『増訂中世日本商業史の研究』岩波書店、一九五二年。その後、『豊田武著作集2　中世日本の商業』吉川弘文館、一九八二年、に再録
中川淳「中世史料に見える「心落」の語義とその変遷――寄付的・扶助的行為検討の前提として」『日本歴史』七一五号、二〇〇七年
成沢光『政治のことば――意味の歴史をめぐって』平凡社選書、一九八四年
新田一郎「満済とその時代――十五世紀「政治」史の一齣」『文学』九巻三号、二〇〇八年
新渡戸稲造『武士道』矢内原忠雄訳、岩波文庫、一九三八年
羽下徳彦『中世日本の政治と史料』吉川弘文館、一九九五年
早川庄八「律令「租税」制に関する二、三の問題」、岡崎敬・平野邦雄編『古代の日本9　研究資料』角川書店、一九七一年
早川庄八『中世に生きる律令』平凡社選書、一九八六年
平山行三『和与の研究――鎌倉幕府司法制度の一節』吉川弘文館、一九六四年
平山行三「日本における動産贈与の慣行」、牧健二博士米寿記念日本法制史論集刊行会編『日本法制史論集』思文閣出版、一九八〇年
二木謙一『中世武家儀礼の研究』吉川弘文館、一九八五年
二木謙一『武家儀礼格式の研究』吉川弘文館、二〇〇三年
ブラウ、P・M『交換と権力――社会過程の弁証法社会学』間場寿一・居安正・塩原勉共訳、新曜社、一九

七四年
ブローデル、F『物質文明・経済・資本主義』全六冊、村上光彦・山本淳一訳、みすず書房、一九八五〜九九年
ベネディクト、R『定訳菊と刀――日本文化の型』長谷川松治訳、社会思想社現代教養文庫、一九六七年
ホイジンガ、J『ホモ・ルーデンス――人類文化と遊戯』高橋英夫訳、中央公論社、一九七一年
保立道久「庄園制的身分配置と社会史研究の課題――庄園制下の贈与・給養と客人歓待」『歴史評論』三八〇号、一九八一年
保立道久「中世民衆経済の展開」、歴史学研究会・日本史研究会編『講座日本歴史3　中世1』東京大学出版会、一九八四年
ボールディング、K・E『愛と恐怖の経済――贈与の経済学序説』公文俊平訳、佑学社、一九七四年
本郷恵子「八朔の経済効果」『日本歴史』六三〇号、二〇〇〇年
マキアヴェッリ、N『君主論』河島英昭訳、岩波文庫、一九九八年
松延康隆「銭と貨幣の観念――鎌倉期における貨幣機能の変化について」『列島の文化史』六号、一九八九年
マリノフスキ、B『西太平洋の遠洋航海者』増田義郎訳、講談社学術文庫、二〇一〇年
Malinowski, B., *Argonauts of the Western Pacific: An Account of Native Enterprise and Adventure in the Archipelagoes of Melanesian New Guinea*, London: George Routledge & Sons, Ltd., 1922
三浦周行『続法制史の研究』岩波書店、一九二五年
源了圓『義理と人情――日本的心情の一考察』中公新書、一九六九年
モース、M『社会学と人類学Ⅰ』有地亨・伊藤昌司・山口俊夫共訳、弘文堂、一九七三年

モース、M『贈与論』吉田禎吾・江川純一訳、ちくま学芸文庫、二〇〇九年

モーズバッハ、H「西欧人からみた日本人の贈答風俗」、伊藤幹治・栗田靖之編著『日本人の贈答』ミネルヴァ書房、一九八四年

百瀬今朝雄『弘安書札礼の研究——中世公家社会における家格の桎梏』東京大学出版会、二〇〇〇年

盛本昌広『日本中世の贈与と負担』校倉書房、一九九七年

安田次郎「祭礼をめぐる負担と贈与——春日若宮祭の頭役について」『歴史学研究』六五二号、一九九三年

山本泰・山本真鳥『儀礼としての経済——サモア社会の贈与・権力・セクシュアリティ』弘文堂、一九九六年

Weiner, Annette B., *Inalienable Possessions: The Paradox of Keeping-While-Giving*, Berkeley: University of California Press, 1992

Werbner, P., "Economic Rationality and Hierarchical Gift Economics: Value and Ranking among British Pakistanis", *Man* (N.S.) 25 (2), 1990

桜井英治（さくらい・えいじ）

1961年茨城県生まれ．東京大学文学部卒業，同大学院人文科学研究科博士課程単位取得退学．博士（文学）．北海道大学助教授を経て，現在，東京大学大学院総合文化研究科教授．専攻は日本中世史，流通経済史．

著書『日本中世の経済構造』（岩波書店，1996年）
『日本の歴史12　室町人の精神』（講談社，2001年．講談社学術文庫版，2009年）
『国立歴史民俗博物館研究報告92集　古代・中世の都市をめぐる流通と消費』（編著，国立歴史民俗博物館，2002年）
『新体系日本史12　流通経済史』（共編著，山川出版社，2002年）
『国立歴史民俗博物館研究報告113集　古代・中世における流通・消費とその場』（編著，国立歴史民俗博物館，2004年）
『日本史リブレット27　破産者たちの中世』（山川出版社，2005年）
『戦国法の読み方——伊達稙宗と塵芥集の世界』（共著，高志書院，2014年）
『交換・権力・文化——ひとつの日本中世社会論』（みすず書房，2017年）ほか

贈与《ぞうよ》の歴史学《れきしがく》
中公新書 *2139*

2011年11月25日初版
2025年5月30日6版

著　者　桜井英治
発行者　安部順一

本文印刷　三晃印刷
カバー印刷　大熊整美堂
製　本　フォーネット社

発行所　中央公論新社
〒100-8152
東京都千代田区大手町 1-7-1
電話　販売 03-5299-1730
　　　編集 03-5299-1830
URL https://www.chuko.co.jp/

Published by CHUOKORON-SHINSHA, INC.
Printed in Japan　ISBN978-4-12-102139-7 C1221

中公新書刊行のことば

いまからちょうど五世紀まえ、グーテンベルクが近代印刷術を発明したとき、書物の大量生産は潜在的可能性を獲得し、いまからちょうど一世紀まえ、世界のおもな文明国で義務教育制度が採用されたとき、書物の大量需要の潜在性が形成された。この二つの潜在性がはげしく現実化したのが現代である。

いまや、書物によって視野を拡大し、変りゆく世界に豊かに対応しようとする強い要求を私たちは抑えることができない。この要求にこたえる義務を、今日の書物は背負っている。だが、その義務は、たんに専門的知識の通俗化をはかることによって果たされるものでもなく、通俗的好奇心にうったえて、いたずらに発行部数の巨大さを誇ることによって果たされるものでもない。現代を真摯に生きようとする読者に、真に知るに価いする知識だけを選びだして提供すること、これが中公新書の最大の目標である。

私たちは、知識として錯覚しているものによってしばしば動かされ、裏切られる。私たちは、作為によってあたえられた知識のうえに生きることがあまりに多く、ゆるぎない事実を通して思索することがあまりにすくない。中公新書が、その一貫した特色として自らに課すものは、この事実のみの持つ無条件の説得力を発揮させることである。現代にあらたな意味を投げかけるべく待機している過去の歴史的事実もまた、中公新書によって数多く発掘されるであろう。

中公新書は、現代を自らの眼で見つめようとする、逞しい知的な読者の活力となることを欲している。

一九六二年一一月

日本史

中公新書

日本史

d3

2675 江戸―平安時代から家康の建設へ　齋藤慎一
476 江戸時代　大石慎三郎
2723 徳川家康の決断　本多隆成
1227 保科正之《ほしなまさゆき》　中村彰彦
740 元禄御畳奉行の日記　神坂次郎
2792 三井《みつい》大坂両替店《おおさかりょうがえだな》　萬代　悠
853 遊女の文化史　佐伯順子
2376 江戸の災害史　倉地克直
2730 大塩平八郎の乱　藪田　貫
2584 椿井文書―日本最大級の偽文書　馬部隆弘
2047 オランダ風説書　松方冬子
2617 暗殺の幕末維新史　一坂太郎
1773 新選組　大石　学
2739 天誅組の変　舟久保藍
2750 幕府海軍　金澤裕之
455 戊辰戦争　佐々木克
1728 会津落城　星　亮一
2498 斗南藩《となみはん》―「朝敵」会津藩士たちの苦難と再起　星　亮一

地域・文化・紀行

t1

285 日本人と日本文化 ドナルド・キーン 司馬遼太郎
605 絵巻物に見る日本庶民生活誌 宮本常一
201 照葉樹林文化 上山春平編
799 沖縄の歴史と文化 外間守善
2711 京都の山と川 鈴木康久 肉戸裕行
2744 正倉院のしごと 西川明彦
2298 四国遍路 森　正人
2151 国土と日本人 大石久和
1810 日本の庭園 進士五十八
2633 日本の歴史的建造物 光井　渉
2791 中国農村の現在 田原史起
1009 トルコのもう一つの顔 小島剛一
2183 アイルランド紀行 栩木伸明
2853 イタリア食紀行 大石尚子
1670 ドイツ 町から町へ 池内　紀
1742 ひとり旅は楽し 池内　紀
2331 カラー版 廃線紀行―もうひとつの鉄道旅 梯　久美子
2290 酒場詩人の流儀 吉田　類
2472 酒は人の上に人を造らず 吉田　類
2721 京都の食文化 佐藤洋一郎
2690 北海道を味わう 小泉武夫